本书由河南省高校哲学社会科学创新团队建设计划（2021-CXTD-01）
国家自然科学基金项目（41771129；41271131；41601177）资助出版

农业科技园技术扩散的农户采用行为

于正松　著

中国农业出版社
北　京

序 言

FOREWORD

党的十九届五中全会提出，要加快推进农业农村现代化，为达到稳粮增收调结构和提质增效转方式目标，对农业科技创新及推广应用提出更高要求。农业科技园区是农业和农区发展的技术极，是新时期中国农业技术创新与扩散的崭新模式，因此正在成为经济地理学和乡村地理学关于农业技术空间生产与空间流动研究的焦点内容。对于农业科技园区技术扩散下农户技术采用行为的研究，不仅可以指导农户的技术认知、采用决策与生产要素安排，还能为科技园区技术研发与扩散提供重要参考。

本书借鉴经济地理学、行为地理学、农业经济学及传播学等相关学科理论，遵循"理论构建—实证分析—对策建议"的研究逻辑，以甘肃定西国家农业科技园及其辐射区为对象进行研究，从农户技术采用前、中、后三个阶段切入，总结出农户技术采用不同阶段的规律及特征，进而对以农户为中心的科技园技术扩散系统进行探讨并提出促进技术扩散的对策与建议。本书的核心研究内容包括以下三个方面：

一是构建了农户技术采用行为的研究框架。提出农户技术感知的概念并设计了其测量维度，对传统的农户技术采用影响变量进行修正，将技术效率和生计框架理论引入到农户的技术采用效应分析中，构建从技术采用前、中、后三个视角进行全过程研究的理论框架，并进行相关模型设定和检验方法选择。

二是考察了农户技术采用前的感知水平及其对技术采用倾向的影响。对农户技术感知的相关维度进行测度，并运用结构方程模型验证技术感知对技术采用倾向的影响。结果表明：6个潜变量和21个测量变量得分均值存在显著差异，各潜变量得分排序为感知价值、采用意愿、技术风险、感知利益、感知成本和健康风险感知；影响农户技术感知价值和技术采用倾向大小的主要因素为技术收益，而技术成本、技术风险及使用过程中的健康风险对上述两者的影响则十分有限；农户的性别、年龄、学历等个人属性特征，及其所在区域的地形、园区辐射圈层以及是否参加合作社（龙头企业基地）等变量在通过验证的6条路径上也有不同的显著性影响。

三是测度了农户技术采用的效率水平及生计效应。采用数据包络和随机前沿生产函数两种方法对农户的技术采用效率进行测算，进而运用田野调查法分析技术采用的农户生计效应。结果表明：样本农户马铃薯种植的综合技术效率、纯技术效率和规模效率都存在较大的优化空间；56.72%的农户处于规模报酬递增阶段，可通过增加种植规模实现技术效率的提升；各投入要素都存在一定冗余现象；资本、劳动力和土地三项投入对技术效率均有正向贡献；种植规模和所处辐射圈层对技术效率有显著影响；技术效率损失受决策者教育水平、家庭劳动力数量、人均耕地面积、是否为龙头企业基地户和机会成本等多因素的影响；两种方法的效率均值差异表明，案例区农户技术效率存在一定的“低水平陷阱”现象；技术采用的农户生计效应分析表明，农户生计模式已形成较强的技术路径依赖效应。

本书的实证研究表明，农业科技园区技术扩散符合创新空间扩散的一般规律和地理学的距离衰减规律。目前案例区已经形成由定西国家农业科技园及其次级园区为技术核心区，周边农业生产区为外围区的农业技术扩散“核心-外围”结构。不同辐射圈层农户的技术采用过程分析也表明，科技园的技术扩散具有较显著的距离衰减效应。

本书作者自攻读博士学位起就涉足农业技术扩散领域的研究，以国家自然科学基金“农业科技园区技术扩散的农户采用行为研究”等项目为依托，参与多项农业技术创新与扩散的实地调查研究，学术水平有了显著提升。本书是在其博士学位论文基础上进一步修改、凝练完成的，是我国经济地理学和农业地理学就技术创新与扩散研究的一个重要成果，对破解当前农业技术扩散“最后一公里”的问题有一定的启示价值。当然，囿于数据资料和篇幅的限制，加之农业技术扩散是一个复杂的系统，其要素及扩散环境也处于快速变革中，本书对信息技术环境渗透、农业经营主体多元化等因素影响下的技术扩散还有待进一步的探索。

作为作者的导师，我十分乐意为之作序。同时也希望作者以此书为起点，在农业地理和经济地理的更多领域努力探索，为我国农业和农区发展研究添砖加瓦。

李同昇

西北大学城市与环境学院教授、博士生导师

目录
CONTENTS

1 绪论

1.1 研究背景

改革开放后，特别是21世纪以来，随着我国惠农、富农、强农政策的持续强劲出台，“三农”工作取得了举世瞩目的成就，但同时也产生了如农业生态环境和资源趋紧、农业边缘化、农村空心化、农民老龄化及城乡要素单向流动格局固化等“新三农”问题，这些问题已影响到我国农业农村经济持续健康发展及乡村振兴战略的实施。习近平总书记于2017年5月在给中国农业科学院成立60周年的贺信中指出，中国是农业大国，实现农业现代化要靠农业科技的进步与创新。此后，总书记又多次提出，扎根我国农业发展实际，深入开展农业科技创新，事关农业现代化，乃至乡村振兴战略目标实现的大任。

为落实习近平总书记的重要指示，科技部、农业农村部等行业主管部门高度重视国家农业科技园区的建设，提出要通过加快这一农业科技创新创业和成果转移转化的重要平台，推动农业产业升级和结构转型。农业科技园是区域农业发展的技术增长极，肩负着向辐射区农户进行技术示范与扩散的重要任务[1]。但受其管理体制的影响，大部分科技园的技术扩散仍以园区的技术供给为中心，在很大程度上忽视了农户对技术的需求，造成了供需脱节的现象，难以有效发挥其技术扩散和带动作用。因此，对农业科技园技术扩散下的农户采用行为研究具有实践和理论的迫切需求。

1.1.1 实践需求

（1）农业科技的创新与扩散是推进农业现代化的迫切需求。推动信息化和工业化深度融合、工业化和城镇化良性互动、城镇化和农业现代化相互协调，促进“四化”同步发展是党和国家在新的历史条件下做出的重要战略部署[2]。而传统农业向现代农业转型的关键是实现农业发展方式的转变，即关注目标由农业总产值转变到农业生产质量和农民素质提升方面。而这个过程中也面临着诸多挑战[3]：一是受资源有限性的约束，农业增长的潜力应从目前的资源投入数量转向资源利用效率的提高；二是受生态环境的约束，亟须从目前的“化工农业”向环境友好型农业转变；三是受消费需求转变的影响，产出模式需要从追求农产品数量转到追求质量和结构上来。农业技术创新与扩散显然是这三个转变的关键所在。

从中国农业发展的历程来看，农业技术的确是我国农业生产取得巨大成就的动力源。农业增长中技术进步的作用日益显著，由新中国成立初的15%提高到了2019年的59.2%。其对粮食单产的促进作用则更为突出，改革开放以来，我国的粮食播种面积年均减少0.4%，但单产的年均增速高达2.3%，因此保证了总产量1.9%的年均增长率。但是与发达国家相比，技术进步对我国农业综合生产能力的支撑作用还有很大差距，对粮食增产的贡献也还远远不够。另外，从农业科技成果的转化率来看，中国在30%～40%，而发达国家则在65%～85%[4]。因此，推进农业技术的创新与扩散是当前实现农业现代化的重要前提。

（2）现代农业技术是解决西北地区“三农”问题的重要依托。我国西北地区为干旱半干旱气候区，域内多山地丘陵，交通条件、经济发展水平与中东部相比较为落后[5-6]。“三农”问题非常突出，农业人口比重和第一产业比重都远超全国平均水平，区域发展对农业依赖度大。以陕、甘、宁三省（区）为例，2019年底农村人口共4 147万人，占总人口的59.37%，全年第一产业生产总值3 321.36亿元，占总产值的8.68%，均高于全国平均水平，农业和农村发展对省域经济的影响较为显著。可见，提高农业生产率，改善农村面貌和农民生计对西北地区的发展有重要的战略意义，而在资源和环境约束更显著的情况下，农业技术毫无疑问是实现上述目标的重要动力。

1.1.2 理论需求

（1）对技术受体的忽视是当下农业技术扩散研究和实践的重要桎梏。我国传统的农业技术扩散系统以依附国家行政管理层级设立的农业技术推广体系为主，曾经为我国农业生产力的解放做出了巨大贡献。但农业生产市场化程度的提高使得原有的层级性、行政性的技术扩散模式逐渐不合时宜，同时现代农业技术的时效性、互动性也对传统农业技术扩散系统的指令性、单向度的扩散方式提出了挑战[7]。政府、科研人员及技术推广人员的科研、推广工作与农户的农业技术需求之间存在严重脱节，技术扩散与采用存在着有效供给和有效需求不相称的矛盾。对农户技术需求与技术反馈的漠视逐渐成为阻碍科技成果转化率的主要障碍，因此迫切需要重视农户地位的技术扩散理论的突破。

在理论研究方面，农业技术创新的空间扩散研究过程中形成了两种代表性观点，即“基础”观点和“采用”观点[5]。从“基础”观点出发，以农业技术创新扩散总体特征为对象，在农业技术扩散过程和规律、影响因素和多样化模式等方面的研究已比较成熟；而从“采用”观点出发，对农户和涉农企业等技术受体的行为研究还远远不够。农户是农村地域发展的核心要素和农业技术的最终采用者，其技术采用动因、过程及效应无疑是研究农业技术扩散的金钥匙。

（2）扩散环境变化亟须对农业技术扩散系统进行重构。随着市场经济对农村的渗透与影响，农业技术的扩散环境发生了较大变化。农户兼业化、村庄空心化、人口老龄化趋势明显，农民生计策略逐渐增多，农业生产面临较大挑战[8]。与此同时，新的农业技术扩散主体的加入也使农业技术的扩散环境更加复杂多样。

一是农业科技园逐渐成为区域农业发展的技术扩散源，《中共中央、国务院关于做好2000年农业和农村工作的意见》中指出“抓紧建设科技园区，并制定扶植政策”。此后又分别出台了多项促进农业科技园建设、评选与管理的政策和文件，积极推进各级农业科技园的发展。截至2017年底，国家级农业科技园已经有246家，此外，还有众多的省、市、县级园区，这些园区在农业技术示范、扩散方面发挥了较明显的作用。但总体来看，农业科技园的技术扩散还处于探索阶段，技术从园区流向农户和生产一线的过程中还有很多问题亟待解决。还有新兴的农业组织发展迅速，2013年中央1号文件明确提出，要创新农业生产经营体制，稳步提高农民组织化程度。即在稳定农村土地承包关系，积极稳妥推进土地流转的基础上，积极扶持农业龙头企业、农业合作社、家庭农场等农村组织的发展，努力提高农业生产的集约化水平。这些新兴的农业经营主体在技术扩散过程中担负着双重角色，一方面是最新农业技术的积极采用者，另一方面又通过基地联合、签订购销合同等方式与农户合作并向其推广农业技术。

因此，加强对变化的扩散环境的研究，统筹考虑各级技术扩散主体，重视国家推动农业现代化的理念与思路，进而对科技园技术扩散系统进行重构就显得尤为紧迫。

1.2 研究目的与意义

1.2.1 研究目的

作为区域农业发展的技术增长极，农业科技园对辐射区带动作用大小的关键在于其能否及时和有效地将最新农业技术传递给农户并运用到生产中，技术传递效率和使用效率是衡量科技园辐射效应大小的核心指标。本书综合运用人文-经济地理学、行为地理学、农业经济学及传播学等学科的相关理论，基于定西国家农业科技园及其技术扩散的调查，对农户技术采用的过程进行理论分析，进而对辐射区农户技术采用前、中、后三个环节进行实证研究，试图为农业科技园的技术扩散提供有益的参考。具体目的如下：①在园区技术扩散调研的基础上，借鉴相关学科理论对农户的技术采用过程进行理论分析；②以理论分析为基础，对辐射区农户技术采用前的技术感知及其对采用倾向的影响，技术需求及决策影响因素，技术采用后的技术效率及农户生计效应等进行实证分析，进而分析科技园区-农户间的技术联系强度和辐射效应，并试图考察地理环境等因素对上述内容的影响；③以农户技术采用过程理论与实证分析为基础，探讨以农户为中心的科技园技术扩散系统构建问题，并提出促进农业科技园技术扩散和农户技术采用的对策与建议。

1.2.2 研究意义

“核心-外围”理论是弗里德曼创立的关于创新扩散的重要理论，其认为区域创新扩散是增长极通过极化与涓滴效应与外围区发生作用的过程。本书以此理论为基础，从农户技术采用的微观视角对农业科技园技术创新的扩散进行研究，具有重要的理论价值和实践意义。

本书的理论价值在于：第一，园区经济是一种新兴的产业集聚形态，已经引起经济地理学和区域经济学等学科的高度关注，但目前的研究还大多停留在对园区的概念界定、类型、功能及管理体制等方面的问题，对园区与外围区域的互动作用研究较少。本书基于农业科技园与辐射区的技术联系及其对辐射区影响强度的分析，有利于开拓经济地理学和区域经济学的研究视角。第二，在剖析传统农业技术扩散系统特点的基础上，从技术采用者为技术扩散系统中心的视角出发，对农户的技术采用过程进行理论分析，并对以农户为中心的科技园技术扩散系统进行探讨，改变“传者”本位的农业技术扩散思路，可促进传播学理论在农业技术扩散领域的运用。第三，提出了农业技术感知的概念且构建了 4 个维度共 24 个指标的测度体系，完善了行为地理学关于感知影响个体决策理论的量化分析。第四，引入农户生计理论研究了农业技术采用对农户生计的影响，丰富了农户生计理论分析框架的研究视角。

本书的实践意义在于：第一，对全国和甘肃省两个尺度上马铃薯种植格局演变的分析，可帮助科技园区及其辐射区进行种植区位优势度判识；第二，从农户技术采用的前、中、后三个阶段进行的实证研究及特点分析，可为定西农业科技园马铃薯技术的扩散提供决策依据；第三，以农户个体为技术决策单元，采用数据包络分析和随机前沿生产函数分析两种方法对案例区马铃薯种植户的技术采用效率进行分析，其结果对科技园区的技术服务和农户的技术安排有重要的指导意义；第四，基于马铃薯技术采用的农户生计效应分析，有助于了解农业技术采用对西北地区农户的生计能力、生计资产和生计策略的影响；第五，农业科技园是我国未来区域农业发展的增长极，通过对以农户为中心的技术扩散系统的研究，可以为相关管理主体科学布局农业科技园并安排技术创新与扩散提供参考依据。

1.3 研究框架与技术路线

1.3.1 研究内容

（1）相关概念及理论研究。首先对农业科技园、农业技术扩散及农户采用行为的国内外研究现状进行梳理，认为从农户视角研究科技园技术扩散势在必行。其次，对农业科技园、农业技术扩散系统、农户和农户技术采用行为四个概念进行科学界定。最后，引入核心-边缘理论、行为地理学理论、消费者态度意向和行为理论、使用与满足理论、农户生产行为理论、农业技术效率理论及可持续生计发展框架理论，作为本书研究的理论依据。

（2）理论框架构建。在对前人研究成果进行梳理和借鉴的基础上，从农户技术采用前、中、后三个视角出发，对农户技术感知与采用倾向，农户技术需求与决策影响因素，农户技术效率及生计效应进行概念界定和研究模型设计，构建农户技术采用全过程研究的理论框架。

（3）案例区选择及农户调查。首先，选择定西国家农业科技园作为案例园区，对园区在技术研发、示范区工程建设、旱作农业集成技术推广及龙头企业带动区域发展方面开展深入调研。其次，在全国和甘肃省两个层面上对马铃薯种植格局演变进行分析。最后在此基础上，结合各县（区）与定西国家农业科技园的技术联系强度确定 8 个县（区）、16 个乡镇和 32 个行政村开展农户调研，入户调研以半访谈式问卷和个案式深入访谈两种方式为主。

（4）实证分析。从前、中、后三个视角对农户技术采用行为进行研究：首先，对农户技术感知及其相关维度、技术采用倾向得分均值进行统计，并运用结构方程模型验证了技术感知各维度对技术价值感知与技术采用倾向的影响；其次，对辐射区农户与科技园的技术联系强度及其技术需求进行分析，进而运用 Logit 模型对影响农户技术采用的因素进行计量分析；再次，运用 DEA 模型和 SFA 模型对农户的马铃薯种植技术效率进行测算；最后，运用个案分析法对两个村落农户技术采用的生计效应进行分析。

（5）在前人研究的基础上，提出了促进定西国家农业科技园技术扩散及农户技术采用的举措。主要围绕扩散系统重构、农户技术感知教育与测度、技术市场监管、技术服务效率、农户人力资本投入、农业生产组织化和规模化、技术采用效应及农业技术服务节点空间布局八个方面展开探讨。

1.3.2 研究方法

本书综合运用人文-经济地理学、行为地理学、农业经济学及传播学等学科的理论和方法进行研究，具体包括：

（1）理论与实证结合。以现有农业技术扩散系统为基础，引入感知价值、农户生计等概念，对农户的技术采用过程进行理论分析。在此基础上，以定西国家农业科技园的技术扩散为例，对农户的技术感知及其对采用倾向的影响，技术采用决策与技术效率，技术采用后的生计效应等进行实证研究，进而对以农户为中心的科技园技术扩散系统进行了理论探讨，并提出相应的优化对策，为科技园的技术扩散提供参考依据。

（2）定性与定量结合。定性研究方面，首先采用二手资料和实地考察法，对定西国家农业科技园发展的产业现状、空间格局及技术研发与扩散情况进行定性分析，然后在技术采用的生计效应部分，采用人文地理学的田野调查法，对两个以马铃薯为主要种植作物村落的农户进行深入地分析；定量研究方面，在界定农户技术采用过程相关概念的基础上，构造农户感知对采用倾向的影响、技术采用决策、农户技术采用效率及效率损失影响因素等模型，运用 GIS、SPSS、Lisrel、Amos、EViews、Deap 及 Frontier 等软件，采用 GIS 空间可视化表达、结构方程模型、Logit 模型、DEA 模型及 SFA 模型等方法，对定西国家农业科技园农户技术采用行为及其效应进行定量分析。

（3）静态与动态结合。对农户的技术感知及其对采用倾向的影响、农业技术需求、技术采用决策影响因素、技术采用的效率分析采用一时性的大样本调研方法，主要以静态分析为主；对于农户技术采用的生计效应研究，则以两个技术采用存在显著时间差的村落为研究对象，通过比较分析观察技术采用不同阶段的农户生计效应。

1.3.3 技术路线

本书遵循科学研究的一般模式，按照“问题提出—实地调研—文献综述—理论构建—实证分析—政策建议”的逻辑关系展开工作，技术路线如图 1－1 所示：

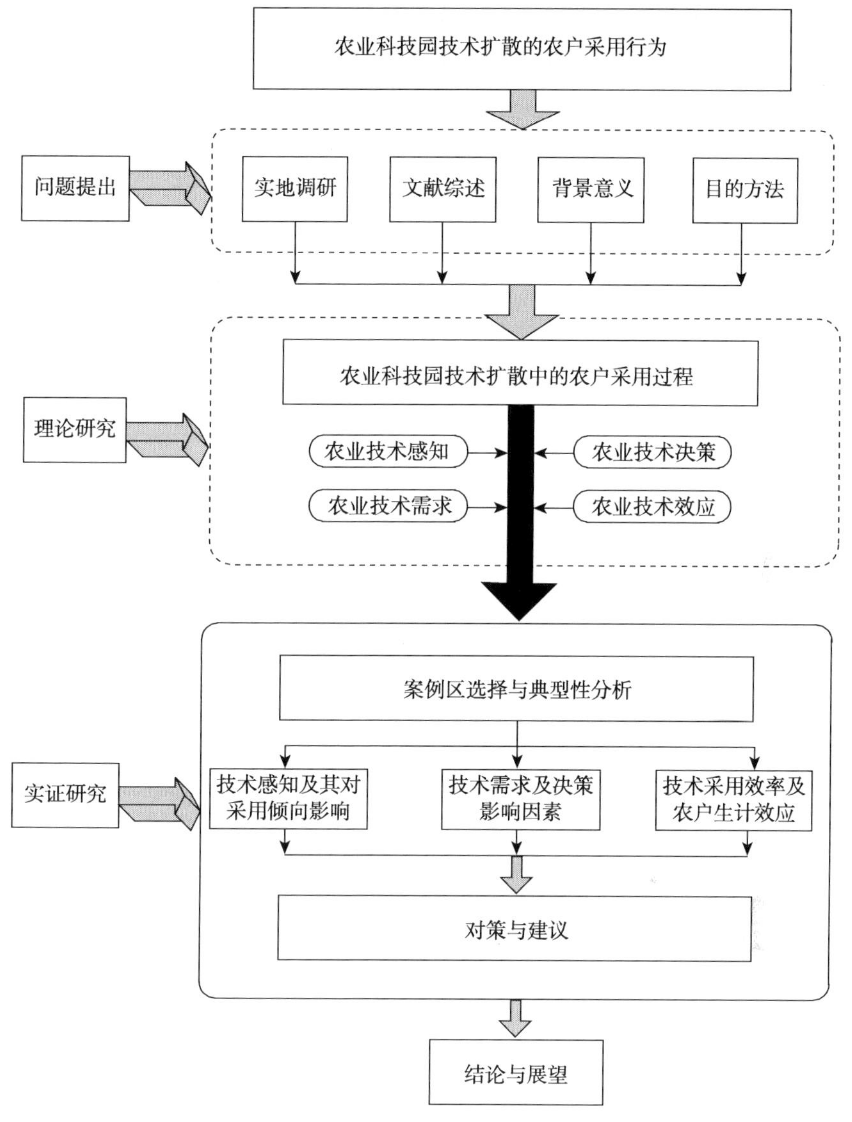

图 1-1 技术路线图

1.4 创新之处

（1）理论上，统筹考虑农业科技园、农户、技术扩散环境等因素，认为农户是科技园技术扩散的中心，对农户的技术采用过程和科技园技术扩散系统重构进行了理论探讨。一方面，以行为地理学和消费者行为学理论为基础，提出了农户技术感知的概念并对其测量维度进行了设计，将农户生计理论引入到技术采用的效应分析中，在对农户的技术感知、需求及决策、技术效率与生计效应等进行概念界定和模型设定的基础上，提出了农户技术采用过程分析的理论框架；另一方面，在对农户技术采用过程进行实证研究的基础上，对以农户为中心的科技园技术扩散系统构建进行了初步探讨，是对现有的“自上而下”以技术供给为中心的农业科技园技术扩散模式的突破和发展。

（2）视角上，打破目前农户技术采用研究以采用决策及影响因素为主的传统范式，从技术采用前、中、后三个阶段进行全过程实证研究，在研究视角上有较大的突破；在研究影响农户技术采用的因素时，首先分别从技术属性和非技术属性两个视角进行考察，然后在对非技术属性影响因素分析中，分别对偏中间性的脱毒薯种技术和偏商品性的地膜技术进行模型验证，有利于更全面地把握各种因素对农户技术采用的影响。

（3）方法上，首次将结构方程模型运用于农户的技术感知对采用倾向的研究中，深化了行为地理学关于个体感知影响决策理论的量化测度；以农户为技术效率研究单元，采用 DEA 和 SFA 两种技术效率测算方法进行对比研究，拓展了技术效率研究的尺度与思路。

2 研究回顾与文献综述

农业科技园是区域农业发展的技术增长极，其带动区域农业发展的基本路径为技术研发与集成—技术扩散—农户采纳并运用到农业生产中。因此，农户技术采用行为的研究必须置于农业科技园、农业技术扩散的框架下才更有针对性，本章对农业科技园、农业技术扩散和农户采用行为的国内外研究现状进行梳理与总结，以为后续的理论分析和实证研究奠定基础。

2.1 农业科技园相关研究

科技园区在西方问世后，很快引起了学界的关注。许多学者从其产生与发展的理论基础、管理机制、区位条件等方面展开研究，此后许多欧美学者在园区技术扩散的模式、方向、强度等方面进行了很多研究。其理论与实践被引入国内之后，国内学者对其本土化进行了很多理论方面的探讨，具体包括基础理论的研究、概念的提出、类型的划分、功能定位等方面。其中尤以蒋和平、曾刚、许越先、刘战平、杨敬华等学者的研究成果最为丰富[9-13]。国内的园区建设与研究主要包括信息科技园、工业科技园和农业科技园三大类。前两类园区主要集中在北京、上海和广州等现代科技发达的城市地区，为了推进农业科技的应用与推广，2000 年以来科技部等部门先后制定和颁布了与农业科技园相关的指南、管理办法和评估体系等文件，促进了农业科技园的快速发展，农业科技园很快成为学术研究的热点。总体来看，国内外农业科技园相关研究主要包括以下内容：

2.1.1 园区基础理论

（1）相关基础理论。如德国经济学家杜能的农业区位论，法国经济学家佩鲁提出的增长极理论，奥地利经济学家熊·彼特的技术创新理论，日本学者速水佑次郎和美国学者弗农·拉坦分别提出了技术诱导变革理论。瑞典隆德大学哈格斯特朗教授提出的空间扩散理论，以及美国规划专家弗里德曼提出的核心-外围理论、边际扩散理论、孵化器理论和系统工程理论等，都曾被用来分析西方的园区建设及技术扩散等问题[14]。国内学者在对农业科技园的理论梳理过程中，以借鉴经济学理论以及国外的研究成果为主。蒋和平首次倡导加强农业高新技术园的研究，并以增长极理论、技术诱导变革理论、系统工程理论和技术创新理论等作为农业科技园建设和研究的基础理论[15]；查金祥从管理学角度进行了补充[16]；张应良从可持续发展观角度，提出技术内生观和制度创新的动力理论[17]；杨敬华、蒋和平、徐越先等借助 Poter 的企业竞争优势理论分析了农业科技园的集群创新模式[15,17,18]。

（2）园区概念、构成要素及特征。国外对科技园区的概念界定也有许多分歧，有研究园区、技术极、创新中心等，也有学者试图区分不同定义的含义（Amirahnadi 和 Staff，1993；Nijkampet，1994；Doloreux，1999），Malecki（1997）建议以上术语可以通用，并界定了科技园区的主要特征：①至少与一家大学等科研机构有正式经营联系；②鼓励园区知识型企业的增长；③积极向园区内企业传播新技术[19-22]。Komninos 认为科技园区应该具有如下组成部分：科研机构、扩散环境、结构构件（专业化的服务平台等）[23]。蒋和平在大量调查研究的基础上从产业优势、区位条件、政府引导、投资渠道和管理模式等角度对农业科技园进行了界定，认为其存在新机制、新技术、新企业和新产业的特点；许越先等认为我国农业科技园包括三个方面的特征：一是我国农业生产力发展的新标杆；二是推动我国农业现代化进程的新动力源；三是农业科技与农村经济紧密结合的示范点[18]。

（3）园区区位选择条件分析。良好的园区环境是园区自身成长与发挥带动作用的重要前提，许多学者对其进行了研究。如 Bruno 等经过研究提出了对高科技园区发展有重要影响的 12 大因素，具体包括临近大学等科研机构、风险资本的介入、具有企业家精神的管理者、熟练的技工、政府的支持政策、土地等设施易得性、可观的市场需求、便利的交通条件、开放的思想、发达的服务业的支撑、充足的供应来源、有吸引力的生活环境[24]。

（4）农业科技园的类型划分与功能定位。蒋和平（2005）系统研究了农业科技园的类型划分，分别从立项来源、经营方式、生态类型、科技示范目的等角度对农业科技园的类型划分进行了深刻的解读[1]；陈琴苓，刘炜等从综合的视角对农业科技园划分进行了探讨，主要指标有园区产业特征、投资主体、技术含量及类型、建设地域和级别、科技带动能力[17]。在对其功能的研究方面，杨其长（2005）等认为其基本功能包括：高端农产品生产加工功能，科技带动功能，创收功能，技术示范功能，新技术试验功能，农业先进要素集聚功能，培训教育功能，生态保护、农业观光及科普功能[25]。李瑞芳、何伟等也分别对其功能进行了研究[26,27]。

（5）农业科技园的运行模式及运作机制。蒋和平对全国范围内的农业科技园运行模式进行了总结并提出11种主要模式，包括农业高新技术廊道模式、高效农业示范园模式、“政府＋企业”运作模式、农业科技企业开发模式、地方政府与高等院校联营模式、“公司＋农户”型运行模式、工厂化农业开发区模式、外向型高科技农业园模式、农业科技示范项目模式、持续高效农业示范区模式、农业技术推广模式[28,29]。查金祥、王朝全、周小琴、李同昇等也分别对农业科技园的模式和动力机制进行了分析[16,30-32]。

2.1.2 技术创新与园区管理

（1）园区创新与网络研发。园区建立的初衷是发挥其技术极的带动作用，P. Westhea等的研究认为，高等学校及科研院所等机构是园区及相关高新技术企业的核心依托，两者的结合可以获得双赢的结果，高校和科研院所可以找到研发的新视角和提高科研成果转化率的途径，而企业在接受技术的同时也可以促进自身研发中心的成长[33]。随着园区与外部环境交流的增加，其对区域产业结构升级和地域系统演变的作用越来越显著，促使许多研究者把目光转向了园区与外部科研机构和企业等的互动关系方面。如Vedoveuo调查了当地大学与区域内企业的相互作用，认为两者间的非正式联系高于正式联系，而科技园区为这种联系营造了良好的氛围[34]；Lofsten和Lindelof以园区外的类似企业作为控制组，研究了科技园区对企业内成长的影响，但似乎并没有发现显著的差异[35]；Hansson等对丹麦和美国的案例研究，认为科技园区的创新作用应体现在为企业提供便利的社会资本[36,37]。Hu研究了中国台湾新竹科技园区自1980年建立以来，对区域半导体产业集群发展的影响，验证了科技园与产业良性互动的效应。国内学者方面，徐越先首次提出用集成创新的理论应用于农业科技园[14]；杨敬华、蒋和平对其做进一步的延伸，用集群创新的理念研究了农业科技园的链式发展模式[38]。此后，杨敬华又在农业科技园的集群创新平台建设上做了更深入地探讨，指出农业科技园集群创新平台建设需要构建园区集群创新环境和运作核心，通过与园区环境的互动得到共同发展。此外，有些学者指出我国农业科技园区处于创业发展阶段，并对其的创业环境以及创业的驱动因素和风险进行了深入分析，以期得到园区建设者的注意，促进园区的可持续发展[39-42]。更进一步的研究对农业科技园的集群创新，以及由此衍生的人才队伍建设上都做了一定的探索[43-45]。

（2）农业科技园的规划设计。农业科技园的建设需要科学合理的规划理论的支撑，以应对在园区建设过程中出现的重复建设、定位不清而造成组织结构运营不良等问题，王朝晖、黄仕伟、卢凤君等分别结合园区实际探索了农业科技园的空间布局问题，且大多提出了园区控制性详细规划的方案[31,46,47]。

（3）农业科技园发展的对策建议。针对园区发展过程中出现的问题，蒋和平、孙炜琳认为园区的发展需要政府有力的政策引导和扶持[48]；杨其长提出园区要坚持经济效益第一，兼顾社会效益和生态效益的原则[25]；陈阜等提出要加强科学论证，优化园区的布局和功能定位，完善其经济生态效应和评价指标体系研究，积极探索先进、环保、高效的生态发展模式[49-53]。

2.1.3 园区绩效评价

（1）园区的绩效评价。科技园区的技术研发与扩散能力是研究者关注的最终目标，Link 和 Scott 构建了模型对科技园区与相关组织进行了研究，认为科技园区的正向效应非常显著。Bigliardi 等试图建立一个合理的测量园区绩效的理论框架，并以意大利的 4 个园区为例进行了研究。Fukugawa 调查了科技园区对新技术企业增加值的贡献，结果表明园区更倾向于研究机构从事联合研究，与企业的联系较差。Chen 等以中国台湾新竹科技园的高科技产业为研究对象，测算了科技园对高科技产业发展的贡献率[54]。Zheng 等通过案例总结得出结论，科技园区对区域生产力增长有正面效应。国内学者方面，张新明等构建了包括四个方面的评价指标体系，分别为宏观评价指标、园区技术扩散效果评价指标、基础条件与生态环境影响评价指标、龙头企业带动能力评价指标[55]，并进行了实证研究；何仙珠、高小红、李慧娟等也都在评价指标体系上做过研究[56-58]。在测算方法上，主要以层次分析法、因子分析法、加权评价法、模糊综合评价法等，随着研究的深入，学者们渐渐引入一些新的方法，如数据包络分析、能值理论分析、S 相对数法、BP 人工神经网络方法以及 Malmquist 指数法等，增进了对农业科技园效益评价的科学性和合理性[59-69]。

（2）科技园技术扩散的研究。农业科技园作为农业技术研发孵化中心，承载着技术扩散的重要功能，许多学者在总结国内外园区运行经验和前人理论研究的基础上，提出了农业科技园的技术扩散模式。胡兆、赵武军、蒋和平、邵法焕等提出专家大院、“园区＋基地”“园区＋基地＋农户”等技术扩散模式[13]；蒋和平、刘战平等通过建立评价指标和实际用户问卷调查的方式进行技术推广效益评价研究[13,70]，李同昇等在农业技术扩散机制以及农户采用行为上做过大量的研究，取得了丰硕的研究成果[32,42,44,48]。

2.2 农业技术扩散研究

受其半公益性特征的影响，农业技术的扩散较工业技术扩散更为迅速，实践上的发展带动了国内外相关研究的繁荣。虽然受发展阶段的影响，国外的研究明显早于国内的研究，且在扩散的模型、模式等方面形成了系统的理论框架。但国内的研究在借鉴与总结的基础上，也取得了丰硕的成果。总体来看，国内外的农业技术扩散主要包括两个层面，宏观上主要研究技术扩散的动力机制、扩散过程、扩散的模型和模式等方面；微观上主要研究技术扩散的相关要素及其行为特征等。

2.2.1 概念及影响因素

（1）农业技术扩散含义。国外学者对技术扩散概念的提炼主要包括四种基本观点：传播论、学习论、替代论和博弈论[71]。Rogers 是传播论的首倡者，他认为扩散是创新在一定的时空条件下，通过某些特定的通道，在相应的社会系统成员间传递的过程。本质上来讲，即为人与人之间进行信息交流的过程。坚持学习论的学者认为，技术扩散并非简单的信息传递，技术受体并非在得到技术信息后即刻做出采纳决定并付诸实践，而是要经历一个认知和学习的过程，在确认掌握了技能之后做出技术的采纳决策。替代论的基本观点是，技术扩散的过程是新技术取代旧技术的过程，而作为此过程推动者的农户，其采用技术的决策在很大程度上受已采用农户数量多寡的影响。博弈论者从个体决策的心理视角出发，认为农户采用新技术的时间过程是其决策博弈的过程。刘笑明与满明俊提出农业科技园技术扩散的含义，认为农业科技园技术扩散系统具体包括创新者（即技术供给者）、创新技术、扩散渠道、技术受体（即采用者）以及技术存在和运行的空间五个基本构成要素[5,73]。

（2）农业技术扩散的影响因素。其中以 Rogers 的观点最具有代表性，他提出了影响技术创新扩散的 4 个方面：技术创新本身的特点和性质、传播渠道、时间和社会系统，对技术创新扩散有正向促进作用的特征包括：技术相对优势、复杂性、兼容性、可试性及可观察性[72]。技术的传播渠道主要包括大众传播和人际传播两大类。前者的优点在于传播速度快且成本较低，有利于从整体上迅速扩大技术的影响力。而通过农村社区进行的人际传播扩散模式则具有双向沟通与互动的特点，更能深入农户的内心，扩散对象的技术采用率明显高于大众传播的对象。选择合适的创新扩散渠道对技术的扩散效果有重要影响。有的学者根据农户的创新精神及决策时间长短进行了划分，包括创新者、早期采用者、中期采用者、晚期采用者以及落后者 5 类。此外，还有学者认为，社会系统的结构与特征也会对一项农业新技术的扩散起到促进或者阻碍作用。国内很多学者的研究表明，影响我国农业技术扩散的因素非常复杂，既包括农业技术本身的相对优势、自然条件、社会经济水平等技术特征和外在环境，也包括农户自身的收入状况、家庭资产及谋生能力等禀赋因素。此外，技术风险、市场销路、政府相关政策等多因素交互影响的效应也非常显著[74-76]。

2.2.2 扩散过程与模型

（1）农业技术扩散过程的研究。国外对农业技术创新扩散过程的研究，主要包括两个基本视角：即“采用”主导和“技术设施”主导两种。“采用”主导视角认为推动技术扩散的主要动力是技术受体的“采用”，因此技术受体的采用机制和规律决定了技术创新扩散的过程[77]。如 Rogers 认为技术采用过程就是技术受体接受创新的决策过程，并对决策过程进行了阶段细分，包括对技术的认识、说服、决策、实施、证实 5 个阶段。在后续的研究中，Beal、Kohl 以及 Lamar 等学者以农业技术及医疗技术扩散等为对象进行的实证研究，证实了上述阶段的存在。“技术设施”主导观点认为技术扩散的自然和人文环境主导着其扩散过程，如资源状况、经济条件、技术水平、市场供求、基础设施配备以及政策环境等，农业技术创新扩散的速度取决于对这些外在的硬件和软件条件的适应程度。在进一步的研究中，研究者们把采用者作为一个单独对象系统，根据采用时间的先后顺序将其分为：创新者、早期采用者、早期大多数采用者、后期大多数采用者以及落后者。对于同一种创新技术在同一地区的扩散过程中，不同采用者决策的时间差异非常显著。例如 Gross 在衣阿华州以杂交玉米新品种为例进行的技术扩散实证研究中，发现较早采纳者的决策时间明显早于较晚采纳者，创新者约在 0.4 年就做出了采纳该技术的决策，早期采纳者需要 0.55 年，而落后者的采纳决策时间竟然长达 4.65 年。国内学者对技术扩散影响因素也有较多的研究成果，如徐玖平等对旱育秧技术、戴国海对良种技术等都进行了扩散的实证分析[78,79]，廖西元等对杂交水稻技术的扩散进行了研究[80]。

（2）农业技术扩散模型研究。从宏观视角对农业技术扩散进行的研究，主要集中在对特定技术扩散规律的提升与总结上，并伴随对扩散过程影响因素的分析。研究方法上一般具有理论研究和模型验证相结合的特点，主要利用 Logistic 和 Probit 等函数进行某项特定技术扩散的模拟，观察其在不同时空条件下的扩散特征。很多研究者指出，创新技术在不同时间的扩散率通常呈现“S”形的演变过程。但不同技术的“S”形曲线在波峰和波长等方面存在较大的差异。美国学者 Gross 在衣阿华州以杂交玉米新品种为例进行的扩散研究显示，其平均扩散周期约为 9 年，扩散趋势线基本为“S”形。但 Beal 和 Rogers 对新型除草剂技术扩散的研究的结论则大相径庭，认为其扩散周期仅为 2.2 年。虽然两个案例的扩散曲线都呈现“S”形，但其长短及波动程度存在显著的差异。这种曲线差异性实际上反映的是不同技术扩散速率的差异。据此，有学者提出了新的模型，即“传染”技术扩散模型。其核心的观点为农业技术扩散的速率与其创新的特性有关，易识别性、与现有技术的兼容性等方面的特征显著影响创新技术“感染”技术受体的概率。也有学者对“传染”模型提出了质疑，认为“传染”模型的假设条件值得怀疑，即潜在采用者获得技术创新的信息后，立刻就做出采用决策并付诸实践的假设与现实情况不相符。Beal 通过实证研究后认为，大部分农户不会在刚接触到一项新的农业技术就立即采用，研究表明，约有 73%的农户是在接触新技术并对其有了较多了解之后一段时间才会做出采用决策。Tornatzky 和 Klein 对不同技术的创新特性与其扩散速度进行了相关分析，研究结果表明，新技术的相对优势及其与现有技术的兼容性等都与扩散速度呈正相关关系。此后，Rogers 对此结论做了进一步拓展，如技术相对优势、可测试性、兼容性、可识别性等。在借鉴国外研究的基础上，国内对农业技术扩散模型的研究也有很多成果，如农业技术扩散的空间模型、时间模型、速度模型、时空连续扩散模型等。赵绪福提出了农业技术扩散的速度模型，认为影响技术扩散最重要的因素是技术扩散速度，因此应当努力创设有利于提高技术扩散速度的环境[81]。扩散速度包括横向的扩散速度和纵向转化的速度，此速度模型就是以相应的数学模型为基础对这两者进行的理论研究。康凯等在对技术创新扩散机理进行了梳理，并以非均匀场理论为基础，建立了技术扩散速度的数学表达模型[82]。余迎新在总结前人研究的基础上建立了农业技术扩散时空模型，同时进行了相应的计算和模拟[83]。也有学者认为，这些研究大多是以国外的数学模型为基础进行的推导，因此在实践运用方面存在一些障碍（宋德军、刘阳[84]）。

2.2.3 技术扩散模式

（1）农业技术推广体系的研究。在计划经济体制时期，我国建立了与国家依靠政府行政管理的五级农业技术推广中心，依靠这个系统传递良种、农药等农业技术和投入要素。这种完全依靠政府的农业技术扩散模式，曾经对我国的农业发展起到了关键的促进作用。但进入市场经济时期，随着农产品市场的放开，农业技术的供给主体出现了多元化的趋势，新兴的农业技术扩散主体与原有的行政性的技术推广体系间逐渐产生了难以调和的矛盾，政府在农业技术扩散中的地位亟须重构。一些学者根据市场经济条件下扩散环境的特点，对农业技术的扩散体系进行了重新定位。研究明确了政府在新型农业技术扩散体系中的位置，即主要负责基础研发的投入、公益性技术的推广以及良好的技术市场环境的培育和维护等，技术的扩散需要技术研发中心、技术中介组织、技术市场与农户需求的有效结合。因此，促进农业技术扩散的主要举措为，加大政府农业科研的投入水平，同时积极引导社会资本进入农业技术研发领域，进一步培育和规范技术市场，促进农业龙头企业及农业合作社等技术中介组织的发展[85-87]。

（2）农业技术扩散模式的研究。农业技术扩散模式主要包括政府供给主导型模式和农户需求主导型两种。前者的特点是政府在扩散中起主导作用，是一种自上而下的技术扩散模式，由相关组织和专家在政府指令性的组织下，对农业技术的扩散做出的安排。而后者则是农户基于自身对农业生产过程中的技术需求，主动向相关扩散主体或者技术市场求助并选择农业技术的模式，是一种自下而上的模式[88]。也有学者从技术供求双方的关系视角，将扩散模式分为指导型模式、传播型模式、交互型模式三种类型[89,90]。指导型模式主要是政府、科研机构等进行的有计划和组织的技术扩散，主要特点是受众面较广、内容丰富，特别对农业技术水平较低的区域有更加显著的效果。传播型模式主要是通过技术市场中的交易，是农业技术自身的横向扩散。主要特点是以大众传媒推介或者面对面地技术传授、示范为主，扩散的受众面较小、速度相对较慢。交互型模式主要是通过特定的技术互动平台，需求者可以和供给者之间进行方便地多方互动与交流，如技术信息网、农业专家系统等。其主要特点是互动性强、方式灵活、技术扩散效果好，但需要农户具备一定的文化知识和较好的沟通能力。

2.3 农户技术采用行为研究

2.3.1 技术采用意愿及特征

（1）农户技术采用动机。Lindner 等认为农户技术采用行为存在主观上的不确定性和客观上的不确定性，不确定性会随时间的变化而变化[91]。农户经验的积累和信息的增加会逐渐减少这种不确定性。虽然农户技术采用行为研究最早是在确定的条件下开始的，但更多的研究者意识到有必要在不确定性条件下建立模型，研究不确定性和风险对农户技术采用行为的影响。如 Janis 等利用随机动态模型研究农户采用节水灌溉技术，在研究中考虑了未来干旱程度的随机性和经济激励因素的不确定性（如水价格和水市场）对农户的影响，研究结果表明，农户只有在预期交易收益大于交易成本的条件下，才会采用节水灌溉技术[92]。Eric 等对科罗拉多进行实证研究，结果表明地区的干旱程度与农户采用节水灌溉技术具有正的相关性[93]。Jack 的研究表明较高收益的农业技术，其风险与不确定性可能导致低的采用率，通常贫民不会采用该项技术[94]。国内学者的动机研究可以分为效用分析和风险分析两类，前者从“理性小农观点”出发，认为农户采用新技术的决策取决于采用行为带来的效用最大化，后者从“生存小农观点”出发，认为风险最小化是农户选择技术的动机。如林毅夫对诱致性技术变迁学说进行改进，构建了一个有机证券模型，首次分析农作制度变迁对农户采用决策行为的影响。研究结果表明，集体经济体制下的农户不考虑营利性，而在家庭责任制下农户决策由效用最大化决定[95]。朱希刚等认为农户采用新技术的决策取决于采用新技术后的效用大小，当农户对新技术的预期净收益大于现有技术的净收益时农户就会采用新技术[96]。汪三贵等分析了贫困地区农户采用玉米地膜覆盖技术的情况，认为在信息约束的条件下，贫困地区农户在技术采用决策中倾向于回避风险，提出风险最小化才是农户决策的动机[97]。满明俊、李同昇通过对采用不同属性技术（公共性、商业性、中间性）的农户行为、决策因素和技术获取途径的实证研究发现，农户采用新技术是以收益最大化和风险最小化为主要动机，并受农户所拥有资源禀赋条件的约束[7]。

（2）农户技术需求意愿。廖西元等对我国水稻主产区农户的技术需求意愿进行排序，指出新品种技术和病虫害技术是农户最需要的技术[98]。林毅夫、刘宇等从需求角度分析农户技术采用过程所呈现的特点，包括行为和心理特征两个方面[99、100]。刘晓敏等研究了农户采用小麦、玉米节水技术意愿，指明收入比例、水价、技术培训等对农户节水技术的意愿有显著正向影响，水资源短缺程度对其采用节水技术的意愿有显著负向影响[101]。陆文聪等通过构建模型研究了浙江省农户采用节水灌溉技术意愿，结果表明年龄、收入、制度、增收以及风险因子是显著的影响变量[102]。

（3）环境友好型技术采用倾向。自20世纪90年代以来，为促使农户采用农业环保技术，欧美制定了农业补贴政策。实施初期，只要农户采用农业环保技术，政府都会给农户支付一定的补贴，但最终的生态效益并没有达到欧盟的“绿色标准”，从而引起学者对采用行为研究范式的反思，进而走向采用结果的研究[103-105]。Agridea等认为该政策主要目标是减少农业生产对环境有害影响，应根据采用结果来支付补偿[106]。Kaiser等及Matzdorf等分别为验证以结果为导向的农业环境计划实施效果，对德国勃兰登堡草原地区农户采用保护耕作技术进行实证研究，结果表明以结果为导向的政策有助于保护草原生物多样性[107,108]。Techen等在全球变化科学会议的报告中论证了以结果为导向的政策有助于减少德国农业氮排放[109]。Rob等在欧洲农业环境计划的背景下，首先探讨为什么会考虑使用以结果为导向的计划，然后概括了两个关键的问题：一是农户采用风险的增加，二是开发监管指标难度的增加，最后基于三个尺度（以结果为导向的支付比例、支付的灵敏性、计划/支付的可持续）提出一个理论框架验证以结果为导向的效果[110]。另外Sattler、Maria、Johan、Teresa、Knowler等的研究表明影响采用者（农户或农场主）采用环境友好型技术的因素有以下几个方面：农户的特征与职业（如年龄、教育、经济状况和非农收入）、农场特征（如农场规模与土地所有权）以及农业环境计划特征（如区域环境付款水平、项目要求和交易成本）[111-115]。

2.3.2 技术采用决策影响因素

国内外对农户技术采用决策研究的成果是技术采用研究中最丰富的，已经形成了较为系统的影响因子识别研究方法。如 Agridea 等在研究中指出，根据瑞士农业利润计算，许多采用者的投入成本小于未采用者的投入成本，采用者的收入成本也小于未采用者的收入成本，但由于机会成本（种植小麦可以获取补贴）的存在，采用者最终的平均边际利润将会比未采用者的边际利润稍微高一点，因此农户为获取政府补贴在生产条件较差的农场泛种小麦[106]。瑞士的 Robert 等以 1992—2000 年瑞士 1312 个农场小麦生产记录数据，对影响农户采用小麦技术的决策因素进行动态分析，发现一个“搭便车”的现象，即那些种植规模小、投入产出低、生产条件差、生产效率低的特殊农场，在生态直接付款计划实施后，他们率先种植小麦[116]。这说明补偿政策对他们的决策行为有很大的影响，同时发现小麦价格对采用者的决策行为也有显著的影响，而农户经济状况、土地所有权、年龄与受教育程度对其决策行为没有太大的影响。此外，也有学者研究了年龄、受教育水平及技术培训对农户采用的影响[117-120]。国内的研究大致从宏观和微观两个层面展开，从宏观层面可以分为驱动因素和阻碍因素两种力量，从微观层面则可以分为农户因素、技术因素、环境因素、经济因素、区位因素、政策因素、资源因素与社会因素八个方面[121-138]。如将以上因素具体化，一是农户因素包括农户家庭收入情况、文化程度、年龄、性别、家庭劳动力数量、冒险精神、兼业程度、种植规模、干部经历等；二是技术因素包括技术难易程度、技术属性、技术采用成本、技术可获得性等；三是环境因素包括技术扩散环境等；四是经济因素包括经营规模、要素价格变动、投入产出效益、边际成本、风险效应因素、信贷因素等；五是区位因素包括交通便捷度、信息渠道等；六是政策因素包括政府扶持、土地流转制度、用水量计费标准、培训教育制度等；七是资源因素包括资源短缺程度、耕地细碎化程度、土壤气候等；八是社会因素包括参加合作组织、邻居交流以及社会交往等因素。

2.3.3 技术感知和技术效率

（1）农业技术感知。Wossink 等以糖用甜菜的除草技术为例进行了环境友好型技术采用的影响因素研究，认为知识需求感知、劳动力需求感知以及技术风险感知是采用与否的主要影响因素[139]；Mendesil 等研究了埃塞俄比亚西南部地区居民对高粱贮存中虫害的感知问题，结果显示大部分居民还是靠传统的经验，用当地特有的植物驱虫的保护方式贮存高粱，对现代化学药品的作用认可度较低[140]；Khan 等研究了肯尼亚西部农户对于当地解决玉米螟虫和杂草的“推-拉”技术的感知问题，总结了影响其因素并提出了应对措施[141]；Greiner 等运用大样本调研数据验证了农户动机、风险感知与农业保护技术的采用之间的关系[142]；Yaghoubi（2009）以伊朗的在线学习为对象，评估了网上农业技术推广及学习者的技术感知，认为大多数人对网上农业技术学习持积极态度，男性、计算机基础较好者及态度积极者学习的收获更多[143]；Mojid 等以孟加拉国的一个城市周边地区和两个糖厂区位案例区，研究了农民对利用废水灌溉农田的感知，发现农民对废水的有利方面感知较多，如有一定肥料、来源稳定、低成本等，但是对于其不利的方面，如土壤污染、农产品质量安全等方面的感知较弱，因此应该加强政策宣传和教育培训，提高当地农民对于使用废水的负面感知并促进其合理和安全的使用[144]；D'Antoni 等以汽车速度表 GPS 技术为研究对象，研究了棉农对精细农业技术的感知与采用，认为棉农对高精技术未来重要性的预期和其成本节约意识是影响其技术采用的主要因素[145]。此后，有更多的学者对农户关于灌溉环境、农作物病虫害及耕种适宜性等方面的感知进行了研究[146-154]。国内对农业技术的感知研究起步较晚，内容多是针对某一具体的农业技术进行的农户感知分析。赵建欣等基于河北省 120 家菜农的调查，分析了蔬菜种植户对无公害农药的认知和购买意愿，认为菜农的技术认知主要受年龄、文化程度以及与中心城市的距离影响最大[155]；邢美华等基于山西和湖北两省的调查，得出农户的环保认知受户主性别、是否有非农收入、地理区位及农业劳动力数量影响较大的结论[156]；徐家鹏等对湖北省种粮大户的调研表明，农户对转基因技术的认知程度还很低，潜在的生产意愿主要受农户兼业程度、受教育水平及转基因技术预期收入、销售渠道是否畅通、是否影响食品安全的影响[157]；吴林海等运用结构方程模型，分析了分散农户对农药残留的认知程度及影响因素，认为年龄、受教育程度及是否接受过培训等因素是主要影响因素[158]；王永强等通过对陕西、甘肃 5 个苹果主产县的果农调研认为，农户对农药认知的缺乏是导致其不安全用药的重要因素[159]，此外，也有学者从施肥、技术市场、技术风险及其生态环境效应等角度进行了研究[160-165]。

（2）农业技术效率。国内外关于农业产业的技术效率研究也取得了较多成果，Cuesta 采用 SFA 方法研究了西班牙 1987—1991 年间 82 个奶牛场的技术效率，认为年均效率是逐渐下降的[166]；Coelli 和 Rao 采用 Malmquist 指数法测算了1980—1995年97个国家的农业生产率，结论显示中国的农业全要素生产率（TFP）位居榜首，年均增长率为6.8%[167]；Galanopoulos（2004）测算了欧盟国家1993—1999年间的农业技术效率，结果表明整体上呈平稳略下降的趋势，Ndlovu等对津巴布韦的水稻生产技术效率进行了研究[168]；也有学者对中国、印度等国的特殊农业政策如绿色革命等对技术效率的影响进行了测度[169-172]。国内方面的研究起步较晚，黄少安等对1949—1978年全国层面的农业要素投入效率及综合技术效率进行了分析[173]；李谷成等基于湖北省农户的调研数据，采用SFA分析方法研究了家庭禀赋对农户经营性技术效率的影响[174]；屈小博采用随机前沿函数法，基于陕西省果农技术采用及收入的调研数据，分析了不同规模果农的技术效率差异及影响因素[175]；满明俊以陕甘宁三省的农户调研数据为基础，测算了不同技术属性的三类技术（苹果技术、小麦良种技术和节水灌溉技术）的效率差异[5]；金福凉等采用SFA方法对1707个油菜种植户的技术投入及效率进行了分析，得出油菜种植规模与技术效率呈现“U形”关系的结论[176]。

2.4 比较与评述

农业科技园研究方面，随着科学技术对社会发展影响的日渐提升，科技园区的发展成为人们关注的焦点，国内外学者对农业科技园的研究内容日益丰富，研究方法日益多样化。与国内的研究相比，国外的园区研究明显更系统、成熟。美国、瑞典等国家的学者对高新科技园区的研究已经突破了最初的对园区本身的关注，更倾向于对其与外部科研机构、企业、产业集群乃至区域发展的互动机制研究。在研究内容方面，国外更多的关注科技园区的技术带动作用研究，而国内则还处于起步阶段，侧重于园区概念探讨、区位选址、管理机制等方面的研究。总体来看，国内外的学者在园区的研究方面各有侧重，成果丰硕，对我国未来的科技园区研究有重要的借鉴意义。但对农业科技园研究在以下几方面的研究还有待加强：①农业科技园技术扩散系统研究。农业科技园的主要功能是技术研发与集成、技术示范与推广，最终目标是提高所在区域农业生产的技术水平，推进区域农业的现代进程。系统要素的有效整合是实现目标的重要前提，只有建立起以技术在科技园区与技术受体（如农户）畅通交流为核心的技术扩散系统，推动有利于园区技术研发与扩散的系统发展机制，才能充分发挥农业科技园作为技术增长极的带动作用。②农业科技园的空间辐射特征研究。农业科技园以辐射带动区域农业技术进步为目标，此目标的首要诉求是实现技术在空间上的扩散。因此，农业科技园主导技术在辐射区内的扩散方向、特征及范围等都是重要的研究命题。而目前的研究中此方面的研究成果较少，刘笑明从理论上进行了探讨，但在实证研究特别是基于农户采用视角的研究还比较少。③农业科技园技术扩散的效益分析。农业科技园的技术扩散不仅具有空间目标，更重要的是质量目标，即其技术的扩散在多大程度上促进了当地的农业生产，对农业的生产效率和农户收入的提高做出了多大贡献，这应该成为农业科技园未来研究的重要方向。

农业技术扩散研究方面，国内外学者在农业技术扩散的概念及影响因素、扩散模型与模式、扩散的规律等方面都形成了较为成熟的体系，但总体来看，还存在以下不足：①基础理论探讨太多，具有较强的指导意义的成果较少。现有研究成果中多为一般性理论研究，而对理论和模型在实证研究中如何切实发挥指导作用，即模型的可实践性、具体化操作研究较少，理论研究和实证经验总结存在一定的鸿沟。②对国外技术扩散模型和理论的本土化研究不够。我国的国情、管理体制、农业发展模式和水平与国外存在较大的差异，国外的理论研究是基于其所在国家的农业技术扩散环境提出的，对中国的技术扩散研究有一定的借鉴意义，但是要想实现其对实际的指导作用，还需要将引入的国外理论与本土的农业生产环境相结合，提出适合自己国情的技术扩散模型和扩散理论。③技术扩散研究的案例选择存在过度的成功案例导向倾向。目前有关农业技术扩散的研究成果中，90%以上都是对成功案例研究的经验总结。成功的扩散经验固然重要，但对失败案例的总结也具有同样重要的启示意义。而事实上，我国农业技术扩散中存在非常多的失败案例，对这些失败案例的研究很可能更容易找到开启我国有效农业技术扩散模式的金钥匙[32,159]。④扩散模式的研究以自上而下的模式为主，对自下而上的扩散模式研究不足。受技术扩散实践现状和研究者权威导向思维的影响，目前我国农业技术扩散的大部分研究成果还是集中于对自上而下的扩散模式的研究，从技术采用受体的角度进行的自下而上的研究成果相对较少，这在一定程度上也影响了实际过程中的推进。

农户技术采用行为研究方面，国内外的研究在研究视角和研究方法上不断创新，成果日益丰硕。从研究视角上来看，从一次性的截面调研数据向更有效的跟踪研究的面板数据转变；从研究方法上来看，从简单地采用 Logistic 模型进行实证建模向多方法转变，如参与性农户评估方法（PRA）、元胞自动机模型、期限分析、SPM 模型、技术接受模型以及多元主体编程模型（MAS）等都被应用到农户技术采用行为的研究中。国内外关于农户技术采用行为的研究已经取得了较为丰富的研究成果，给农业技术扩散的相关组织和机构提供了有益的借鉴。结合目前农业技术扩散环境的变化，本书认为目前的研究还存在以下不足：①农户在科技园区技术扩散中的主体地位认识不够。带有计划经济烙印的农业技术推广体系曾经为20世纪末我国农业增产和农民增收起到了很大的促进作用，但随着市场经济的发展和政府职能的转化，农户的主体意识逐渐觉醒，对技术的选择空间和指导诉求的要求越来越高，这种自上而下的指令性技术推广备受诟病，政府也在逐渐淡化这种技术组织模式。但与之相对应的以农户需求为中心的技术推广模式并没建立起来，相关研究中也少有提及，作为肩负未来区域农业发展技术增长极的农业科技园，应在技术扩散中加强对农户诉求的掌握与满足。②农业龙头企业、农业合作社等新兴组织对农户技术采用的影响研究不够。在国家政策的推动下，各地农业龙头企业、农业合作社等组织迅速成长，而且在很多地方通过“龙头企业＋农户”“合作社＋农户”等方式成为农户技术采用的新来源，这样农户的技术来源就有农业科研与推广机构、农业技术经销商和上述新兴组织，如何正确处理农户与这些技术扩散主体间的关系意义重大。③过分重视农户技术采用决策及影响因素的研究，而对采用前与采用后的研究不足。目前关于农户技术采用的研究中，对农户是否采用及采用的影响因素的研究占据了研究成果的大半江山。而对于技术采用前农户的心理过程及技术感知对是否采用的影响关注较少，技术感知的研究多是针对具体农业技术的某个侧面进行的，从多维度测度农业技术综合感知的成果较少，进一步验证综合感知对技术采用倾向的成果更少。同时，受调研数据获取的限制，农业技术效率的研究多以宏观的年鉴数据研究为主，以农户为研究单元的技术效率以及对生计效应等方面的事后效应研究也较为薄弱。

从上述研究评述可见，在农业科技园成为带动区域农业发展的技术增长极的新形势下，三个方面的相关研究还未形成以技术采用者为核心的集成，这又反过来影响了理论研究成果对科技园技术扩散的指导作用。因此，明确以科技园为技术扩散源，其辐射区为技术扩散区域，辐射区农户为技术受体的技术扩散框架下，对农户技术采用行为的前、中、后全过程进行理论分析与探讨，并以此为基础对农户技术采用过程进行实证研究，进而提出促进科技园技术扩散的政策建议显得尤为迫切。

3 相关概念与理论基础

本章在对相关概念进行梳理和界定的基础上，从经济地理学、传播学及农业经济学等学科中引入6个与农业技术扩散及农户采用密切相关的理论，阐述其对农户技术采用行为研究的价值和意义，从而为本书的理论构建和实证研究打下可靠的理论基础。

3.1 相关概念界定

3.1.1 农业科技园

科技园区是随着科技研发事业的发展和城市功能区划理念的实施而出现的一种新型综合功能区，其典型特点为高智力密度、发达的工业基础和完善的进出通道，以促进科技成果的产业化、商品化和国际化为目标的科技-工业综合体。它是政府为了促进科学技术发展而专门规划的功能区，并有相应的政策优惠措施，以促进科技研发与工业发展互动功能的最大化。核心构成要素为科技研发中心与相应的产业集群。

由于认定单位或者主导功能的不同，不同文献对农业科技园的名称界定存在很大差异，有农业高新技术产业开发试验区、农业高科技园、农业高新技术开发区、现代农业科技园等。虽然称呼各异，但其基本的功能定位都是农业科技成果转化的载体和孵化器，主要的任务是促进农业科技在辐射区内的示范、推广与应用。不同的学者分别从资金渠道、技术来源、技术输出办法、技术示范模式及园区主导功能等角度对其进行定义。其中以蒋和平的定义为代表，其将农业科技园定义为：在农业科技力量比较发达、具有一定产业优势、经济相对发达的城郊或农村，划出特定区域，由政府、集体组织、民营企业、农户或外商等主体投资兴建，以农业科研、教育和技术推广等单位为依托，以企业化方式对园区进行运作，集农业、林业、农机、水利等高新技术为一体，以国内外两个市场为导向，以调整农业产业结构、增加农民收入为核心目标，引进国内外高新技术、资金及各种相关设施，集成现有的科技成果，在相对可控的环境下，以设施与露地栽培相结合的方式，对现代农业技术和新品种、新设施进行实验和示范，对农业新技术和新产品采取集中投入、集中开发的模式，力争达到合理投入、科学管理和产出最大化的目标，形成农业高新技术的研发基地、中试基地和示范基地，并以此推动农业综合开发和农业现代化建设的一种组织构建和经营方式[1]。

结合我国实际，本书提出如下定义：农业科技园是国家为了推进现代农业技术改造传统农业的进程，针对特定地域的农业生产条件和生产模式合理布局的现代农业技术增长极；在引进农业科研机构和高等院校等技术研发部门技术并进行熟化的同时，结合当地农业生产技术需求进行自主研发，然后将各种新技术进行集成并通过示范、推广等途径将技术扩散到辐射区农户的新型技术传播组织。

3.1.2 农业技术扩散

技术扩散是技术的流动过程，是新技术或技术产品经过一种或者多种渠道，从少数的最终试用者到最终被大多数受众采用的过程。

Rogers 认为，技术扩散是一种新技术经过一段时间，通过特定的中介渠道在社会系统成员中交流、接受的过程。李季认为，农业技术扩散是指某项农业技术由少数农户采用到大多农户普遍采用的过程，是创新的扩散、辐射与接纳相作用与博弈的过程，是农业科技成果最终转化为生产力的必经阶段。刘笑明指出，农业技术扩散是指农业技术通过特定渠道，在某一特定区域或人群中的传播过程。农业技术扩散的理想结果是，一项农业技术尽可能为更多的农户所熟悉并采纳，最大限度地发挥其社会、经济和生态效益[73]。

Rogers 认为扩散系统包括以下四个基本要素，即创新技术、传播渠道、时间和社会系统成员。陈玉萍在 Rogers 的基础上进行了拓展，指出农业技术扩散系统应该包括五个基本要素：创新技术、扩散中介、一定时间、潜在采用者及社会经济系统，认为农业技术扩散要受到外在的社会经济环境的影响，使概念更加符合技术扩散的实际[5]。刘笑明总结出农业科技园技术扩散系统的特点，认为农业科技园技术扩散的过程是扩散主体、扩散客体及扩散环境综合作用的过程，扩散主体的研发和扩散动力受政府支持的影响较大，作为技术受体的农户受自身年龄、学历水平及家庭经济环境等各方面因素的影响，而市场影响、文化传统、政策措施等外在环境会对两者的行为进行进一步的影响。认为应当从系统论理论为基础，深入研究农业技术扩散系统的构成要素、作用机理与特征等。满明俊提出农业技术扩散系统的构成主要包括 5 个部分，分别为：技术供给者、技术受体（农户）、农业技术、扩散渠道以及技术存在和运行的空间，这 5 种要素在整个系统运行过程中地位不同、功能各异，既相互联系又相互制约，如图 3－1 所示[5]。

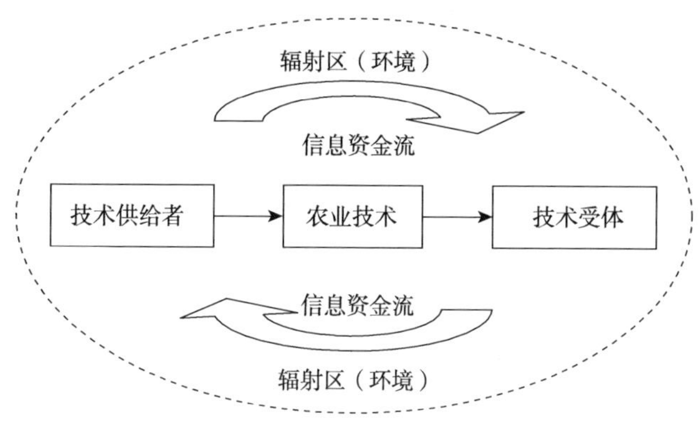

图 3-1 农业技术扩散系统

本书在前人研究的基础上，结合农业科技园技术扩散环境的变化，提出农业科技园的技术扩散系统：以农业科技园作为技术研发和集成中心，通过园区示范、技术下乡等直接方式和龙头企业（农业合作社）等新兴组织二级传播的间接方式向辐射区农户输出技术，同时通过多种渠道了解农户的技术需求、接受农户的技术反馈，形成技术供需两方高效、双向的技术互动与合作模式。

3.1.3 农户

农户是我国传统农业社区的基本决策单元，自费孝通先生 1936 年基于江苏省吴江县庙港乡的农户调研成书《江村经济》之后，农户的概念就成了社会学家研究农村问题的重要目标单元。史清华认为，目前的研究成果中对农户的概念界定主要以三个视角为主：一是其所从事的职业，农户是以从事农业生产为主的户籍单元，是与工商业从业者及国家工作人员为主的家庭的区分；二是从其居住地的区位来看，农户是位于农村地区，与城市地区相对应；三是从身份角度进行划分，农户相对来讲在政治、经济权利方面具有一定的弱势[177]。

从我国传统的农村社区系统来看，血缘关系是区分不同农户的自然基础，即农户首先是一个生物学意义上的独立单元，基本的农户家庭成员构成模式为父母与未成年的孩子，在生产和生活上具有较大的依存性和统一性。此外，自给自足的农户还是生产与消费的统一体，成员之间以家庭利益的最大化为生产和消费的最高准则。在生产中，以家庭最大产出为目标统筹安排农业生产的要素安排；在农村社区中，以家庭为单位争取最大可能的公共资源使用权利和集体决策的话语权；在消费安排方面，家庭成员会平衡不同成员之间的消费需求，根据家庭总支出能力做出相对较理性和公平的消费决策。最后，在制度和权利保障方面，由于我国一直以来的城乡对立分割的户籍制度，使得农户在土地权利、政治表达和社会资源的分配方面与城市家庭存在显著差异，拥有的权利和资源严格受到农村户籍身份的制约。

根据上述分析，本书将农户的内涵界定为：以农村社区为固定的居住地，具有农村户籍，以家庭血缘和亲缘关系为关系纽带，依靠家庭劳动力从事农业生产，具有共同利益和责任的社会经济组织单位。

3.1.4 技术采用行为

Rogers 认为技术采用是个体精神上接受的过程，即“从最初听说一个创新技术到最后采用的精神上的过程”。满明俊提出，农户的技术采用行为是指农户为了满足某种农业生产的诉求，改变传统的技术、习惯以及思维方法，在生产过程中采用新技术、新方法、新技能的决策和行为。可以分为个体和群体两个层面，农户个体从对新农业技术的认知、评价，到选择和使用是个体行为，而由最初采用的部分农户到大部分农户采用的过程则是群体行为。综合起来看，农户的技术采用具有以下特点：一是选择自主性大，农户在农业生产的各个环节会面临很多种技术选择，其可以根据自身的种植习惯、种植作物特性和长势等方面对技术采用做出判断；二是动态性，技术的采用不同于有形产品的一次性消费，而是呈现动态、递进的行为过程，这体现在两个方面：一方面是农户对农业技术的掌握是随着实践次数的增加而不断优化提高效能的过程，另一方面是随着农业技术不断更新，客观上也要求农户要不断学习新的农业技术；三是风险性，农业技术采用是建立在预期收益基础上的行为选择，其功效只能等到农作物收获阶段才能做出判断，加上农业生产受自然环境约束较大的特点，使得农业技术采用的风险性更加显著，也即农户的技术采用行为是一种基于风险认知、评价上的博弈过程。不同的风险承受能力的农户对新技术的采用存在显著差异，受可支配资源有限的影响，大部分农户属于风险厌恶者，因而会选择做技术采用的跟随者，只有少部分风险意识较强的农户会成为率先采用新技术者。

本书认为农户技术采用行为是以家庭效用最大化为目标，在对家庭拥有要素可能的配置与收益判识下，在农业与非农业间，传统农业技术与现代农业技术间做出的博弈与选择。特别强调农户对现代农业技术采用的选择性，只有具备了较高的比较收益才有可能被农户采用。

3.2 相关理论基础

农业技术采用是农户非常重视的一项重要生产决策，但是受市场信息不对称和农户认知水平的影响，往往很难做出最优决策。在做出了技术采用的决策后，技术使用技巧及技术效率等方面也存在较大的不确定性。因此，对农户采用前、中、后的研究有助于我们总结农户技术采用行为的规律与特点，进而提出改善其技术采用及提高采用效率的举措。故本书引入态度意向和行为理论、生产行为理论及生产行为理论等作为对其研究的理论基础。

3.2.1 核心-边缘理论

美国城市和区域规划学家约翰·弗里德曼提出了许多关于发展中国家空间规划的理论，其中影响最大的当属1966年提出的核心-边缘理论，也被称为核心-外围理论，此理论已经成为发展中国家空间经济分析和布局的重要工具。他对熊彼特的创新思想提出了空间构想，认为发展是由不同级别的创新集群在空间上非连续布局的结果，大城市拥有创新系统产生和成长的最佳条件，成为创新系统的核心和引领者，其迅速发展会带动资金、技术和人力等资源的外溢，从而带动周边区域的发展。这样不同层级的创新系统就促进了规模不等的核心-外围经济空间结构。核心区与外围区共同构成了完整的空间系统，核心区在空间系统中居支配地位。

弗里德曼特别强调核心区在区域经济系统中的作用。他认为，在空间系统的任一网络结构中都存在规模不等的核心区，而空间系统本身也是具有明显的层次性的，大致可以分为世界级、洲级、国家级、大区域级和省级等，核心地区的规模和支配力往往与所处的空间系统存在较强的耦合关系，核心区与对应的外围区之间相互作用力的平衡最终促成了相对稳定的空间格局的形成。其中，核心区对整个空间系统有支配和主导作用，同时也受所处空间系统规模和实力的影响，其规模随空间系统的规模和相对地位的变化而变化。在空间系统的演变过程中，核心区的主要功能体现在以下几个方面：①核心区组织和影响外围区域的主要途径为供给系统、市场系统、行政系统等。②核心区通过主观安排和客观联系的外溢两种方式，较为系统地向外围依附区进行创新扩散。③核心区具有自我正反馈累积的特征对外围依附区的成长和壮大有积极作用。④随着创新涓滴作用的日益突出，核心区和外围区的相对位置也会发生缓慢变化，创新引入外围区后，与外围区其他要素的相互作用会产生二次创新的可能。外围区域中创新能力较强的节点会逐渐成长为新的核心区，并组织其属于自己的空间系统，原有的核心区的相对地位在一定程度上被弱化，空间系统面临重构并日趋均衡。

农业科技园设立的初衷即是要打造影响一定地域内农业发展的技术增长极，然后在涓滴效应的作用下，技术实现在辐射区内的扩散。农业科技园通过技术供给与辐射区相联系，其研发与供给的强弱决定了其辐射范围的大小。同时，技术环境对科技园区的技术扩散也会起到加速或者延缓的作用。此外，距离衰减规律对核心-边缘理论也有很好的补充作用，增长极对辐射区的影响力存在由近及远梯度特征的可能性。因此，本书以核心-边缘理论和距离衰减规律为基础，考察技术中心与辐射区的距离远近对农户技术感知、技术采用、技术效率等方面的影响。

3.2.2 行为地理学理论

行为地理学是一种基于新视角的人-地关系思想、观点和理论，其将心理学的相关观点引入地理学研究领域，在 20 世纪 60 年代以后逐渐形成一门新兴的人文地理学分支学科[178]。

行为地理学把心理因素引入人-地关系分析中，着重于研究人与其所处环境的反馈与平衡关系。其所指的行为是指基于环境映像感知的人类行为选择与特征，并认为人的行为是基于对环境信息的感知、评价进而形成意象后做出的决策。决策过程为感应—认知—筛选—决策—行为，强调不同类型（集团、阶层、年龄、学历水平等）的人对所搜集的环境信息的不同解读，进而做出不同的行为决策。

行为地理学中与本书相关的理论主要包括以下几个方面：①决策及其类型。受决策者搜集和处理信息能力的影响，决策也可以分为多种类型，从复杂性的角度来分，可以形成一个从高度复杂的问题到下意识行为的各层级决策连续谱。②最大化与满意化。最大化的决策原则是基于人是理性经济人的假设，认为人可以对环境做出最充分和客观的判断，进而做出最优决策。但随着研究的深入，有限理性的观点逐渐被接受，决策原则也从最大化变成“边界合理性”原则。③可能性、风险和不确定性。地理学家在接受了“边界合理性”原则之后，就开始探讨关于概率方面的空间行为特征，代表性的研究成果如 A. 普雷德行为矩阵[178]。他将决策结果归因为个体获得的某种信息的数量与质量，以及处理这些信息的能力。处于矩阵右下角决策者的决策能力明显高于左上角（图 3－2）。

西方早已经有行为地理学家将上述理论运用到农业生产过程中，如 J·沃尔波特关于实际及潜在农业收成的研究是证实满意化模型的早期尝试[178]。研究表明，现实劳动生产率低于其理论最佳水平。将近一半的抽样农场劳动生产率相当于最佳水平的 70%，认为农民不仅缺乏知识，在某种程度上，还受对不确定性抱有反感的价值系统影响。本书以此理论为基础，建立农业技术感知对技术采用倾向决策的影响，并运用模型加以验证。

使用信息的能力　　结论趋向优化 ⟶

信息质与量　认识趋向完善 ↓

B_{11}	B_{12}	B_{13}	B_{14}	•	•	•	B_{1n}
B_{21}	B_{22}	B_{23}	B_{24}	•	•	•	B_{2n}
B_{31}	B_{32}	B_{33}	B_{34}	•	•	•	B_{3n}
B_{41}	B_{42}	B_{43}	B_{44}	•	•	•	B_{4n}
•	•	•	•	•	•	•	•
•	•	•	•	•	•	•	•
•	•	•	•	•	•	•	•
B_{n1}	B_{n2}	B_{n3}	B_{n4}	•	•	•	B_{nn}

图 3－2　行为矩阵

3.2.3　消费者态度意向和行为理论

（1）理性行为理论[179]。Fishbein 和 Ajzen 在 1975 年提出该理论。他们认为人的行为是由他们的行为意向决定的。行为意向是个体行为态度和认知标准加权求和的结果。行为态度受个体对决策的收益预期与感知结果的影响，收益预期是对行为实施后的收益的预判，而感知结果是对行为实施后果的主观认识。主观标准是个体内在的价值规范，是个体在适应社会的过程中所内化的信念规范与道德标准。该理论对个体行为的发生有较强的解释能力，但有一个明显的缺陷是其前提条件，假设个体任何时候都拥有最全面的资讯并能完全控制自己的行为，很显然这很难达到。该理论的行为模型如图 3－3所示。

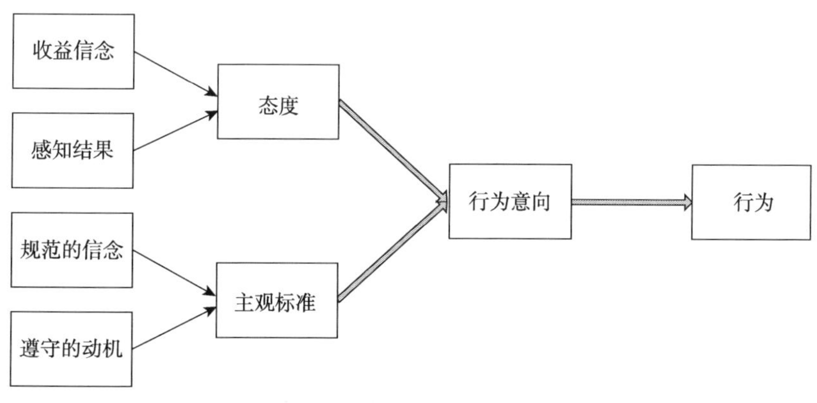

图 3－3　理性行为理论模型

（2）计划行为理论。Ajzen 于 1998 年在对理性行为理论进行修正的基础上提出该理论。他同样认可行为意向对行为的直接影响作用，但加入了一个控制变量——感知行为控制。认为人不可能完全掌握信息并做出最优的判断，对个体行为产生影响的更多的是个体自己掌握和利用信息与机会的能力感知，也就是自己的控制感，控制感越强，行为产生的机会就越大。行为模型如图 3－4 所示。

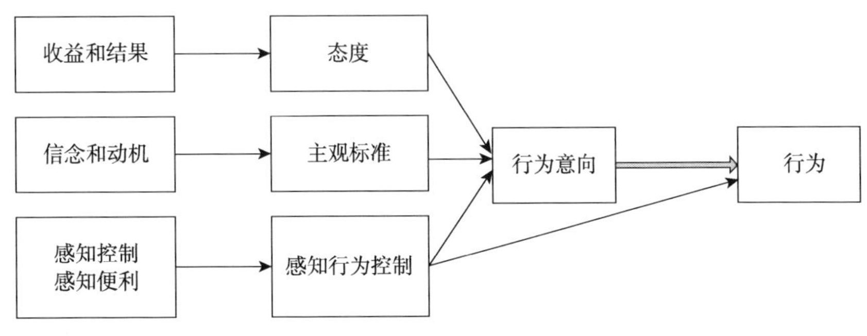

图 3－4　计划行为理论模型

（3）顾客感知价值行为理论。Zeithaml 在总结以上两个理论的基础上，在消费者决策领域提出了感知价值影响消费者决策行为的理论。将以上理论提到的行为意向与控制感等抽象概念进行了相对具象的界定，用感知价值各个维度将影响购买决策的主观因素进行了整合，通过测度感知价值及其各维度与购买行为倾向的相关性来探究其直接和间接的影响程度。

感知是行为的先导，农户的技术采用决策是以其对技术采用成本与收益的感知为基础的。因此，本书以上述理论为基础对农户技术采用感知及其对采用倾向的影响进行模型设计和实证检验。

3.2.4　使用与满足理论

与传统的大众传播理论不同，使用与满足理论从受众的心理需求出发，认为受众是有特定需求的对象，他们会根据内心的需求对大众传播的信息进行过滤和选择。因此，本理论认为大众传播对公众的效用取决于满足受众内心信息需求的程度。摈弃了传统大众传播以“传播者”为中心的传播范式，强调公众对于大众传播的主导作用，认为公众通过对媒介的使用选择制约着媒介传播的过程和效率，并认为公众使用媒介完全基于个人的需求和愿望。所谓使用与满足，即受众使用大众媒介以满足自身内心诉求，颠覆了传统传播学研究中将受众置于被动接受的思路，认为以“传播”影响和改变受众的理念是错误的。鲍尔在《固执的受众》一文中提到，以往关注的是“信息如何作用于受众”，而现在的焦点是“受众如何使用信息”。本理论有以下基本假设：①受众对大众传媒感兴趣的前提是寻找能满足自己需要的信息；②传播过程中的信息选择与编码要与受众的需求结合起来，否则将很难得到受众的青睐；③单一的传播方式难以满足受众的所有需求，即各种传播媒介本身存在局限性和竞争性；④假定受众是理性的，可以准确地认识自己的需求并对大众传播做出客观地判断。总的来讲，即本理论特别强调传播对象在传播过程中的主体地位，传播系统应当围绕受众的特点和需求展开，这样才能提高传播效率。

农业技术推广与扩散已经有非常丰富的研究成果，对农户需求的关注度不够被认为是当下农业技术扩散实践中存在的主要问题之一。受计划经济时代建立的农业技术推广体系的影响，我国农业技术的推广过程具有“传者”权威主导、单向指令性推广、反馈渠道匮乏等特点，对农户在农业生产过程中的技术需要了解不够，技术供给和需求脱节的现象比较常见，农户在生产过程中遇到技术问题时获取技术解答的渠道有限，这些都严重影响了农业技术成果的转化效率，也造成了农业科研经费的巨大浪费。本书改变了以往技术供给者为中心的农业技术推广理念，认为农户是农业科技园技术扩散的中心，对农户采用前、中、后三个阶段进行了理论分析，然后建立不同的测度模型进行实证分析。建议从农户的需求出发，加强农户与农业科技园及其相关技术扩散机构的沟通，提高农户的生产效率和对技术的满意程度，这是保证农业科技园发挥带动区域农业发展的重要前提。

3.2.5 农户生产行为理论

农户生产行为模型是事关农户生产过程中各种要素选择与组合决策，即农业经营组织形式和所采用生产技术体系的总称[180]。它是农户在自然条件、市场竞争和政府引导之间博弈的结果。假设农户要在不同行业 i 中分配其家庭总劳动力，则 i 行业的生产函数可以表示为：

$$Q_i(A_i, L_i, K_i) \qquad \text{（式 3.1）}$$

其中，A_i, L_i, K_i 分别为农户在从事 i 行业中所投入的土地、劳动和资金等要素数量。假设生产函数满足规模效益不变的条件：

$$Q_i = A_i \frac{\partial Q_i}{\partial A_i} + L_i \frac{\partial Q_i}{\partial L_i} + K_i \frac{\partial Q_i}{\partial K_i} \qquad \text{（式 3.2）}$$

另外，农户的劳动力配置要满足如下约束条件：

$$K = \sum_i K_i \qquad L = \sum_i L_i \qquad \text{（式 3.3）}$$

其中，L 为农户家庭中的劳动力总量，K 为资金总量。

则农户从事 i 行业的纯收入 I_i 为：

$$I_i = p_i Q_i - p_i^l L_i - p_i^k K_i \qquad \text{（式 3.4）}$$

上式中，p_i 为 i 行业的产品价格，$p_i Q_i$ 为从事该行业的总收入，p_i^l 为从事该行业的劳动力成本。若 r_i 为利率，则 $p_i^k = (1 + r_i)$ 为资金成本。

假设农户劳动和资金配置目的是使其所有行业的纯收入之和最大化，即

$$\max_{K_i, L_i} \sum_i (p_i Q_i - p_i^l L_i - p_i^k K_i)$$

$$\text{s.t.} \quad K = \sum_i K_i \qquad \text{（式 3.5）}$$

$$L = \sum_i L_i$$

上式最优化问题的拉格朗日函数为：

$$\Gamma = \sum_i (p_i Q_i - p_i^l L_i - p_i^k K_i) + \lambda(L - \sum_i L_i) + \eta(K - \sum_i K_i) \qquad \text{（式 3.6）}$$

（式 3.4）的最优解应满足如下一阶导数条件：

$$\frac{\partial}{\partial L_i}\Gamma = \frac{\partial I_i}{\partial L_i} - \lambda = p_i \frac{\partial Q_i}{\partial L_i} - p_i^l - \lambda = 0 \qquad \text{（式 3.7）}$$

$$\frac{\partial}{\partial K_i}\Gamma = \frac{\partial I_i}{\partial K_i} - \lambda = p_i \frac{\partial Q_i}{\partial K_i} - p_i^k - \eta = 0 \qquad \text{（式 3.8）}$$

将（式 3.2）代入（式 3.7），并整理，可得：

$$p_i Q_i - p_i^l L_i - \frac{p_i^k K_i}{L_i} - \frac{K_i\left(\frac{\partial Q_i}{\partial K_i} - p_i^l\right)}{L_i} - p_i \frac{A_i}{L_i} \frac{\partial Q_i}{\partial A_i} = \lambda \qquad \text{（式 3.9）}$$

此式即为：
$$\frac{I_i}{L_i} - \frac{K_i}{L_i}\eta - p_i \frac{A_i}{L_i} \frac{\partial Q_i}{\partial A_i} = \lambda = \frac{\partial I_i}{\partial L_i} \qquad \text{（式 3.10）}$$

上式即为在资金和劳动配置均衡的条件下，达到既定目标所必须满足的必要条件。

为了研究的方便，上述农户生产行为模型中，假定农户中不同劳动力成员是同质的，并且家庭可用劳动力总量为所拥有的劳动力之和。这对目前中国大部分农户的农业生产经营现状来讲是成立的，因为雇佣工的比例相对较少。上述模型中的雇佣工的投入部分可以通过雇工费的形式进入到资金投入部分，以矫正此假设带来的投入产出的不平衡。

随着改革开放的深入和市场经济的发展，特别是在国家关于统筹城乡方面

政策的鼓励下，农村地区与城市化地区的联系越来越紧密，农户也跳出了单纯依靠土地谋生的传统生活路径，农户开始在村落内外考虑家庭要素的配置，以家庭收益最大化为目标，统筹农业与非农生产。与此同时，国家也启动了以土地经营权出租为核心的制度改革，劳动力、土地等农户拥有的核心资源都具备了自由选择与配置的权利。因此，合理的构建农户的生产模型，测度不同类型农户的农业生产效率，以及农业技术对农户生计的综合效应，对政府相应政策的制定和农户的生产行为选择有重要的指导意义。

3.2.6 技术效率理论

根据对经济发展过程中要素投入及要素配置生产率作用认识的不同，可以将经济增长分为粗放型增长和集约型增长两种类型：粗放型的经济增长主要靠要素投入的增加，而集约型经济增长主要靠全要素生产率的增长。事实上这两种经济增长方式与经济的发展阶段有较大关联。在经济发展水平较低的阶段，技术水平较低，资本的积累也较为有限，因此这两种要素的投入很受限制，经济的发展主要是靠要素投入的增加。而随着经济发展水平的提高，在生产力水平提高、市场需求和技术进步等的推动下，经济发展主要变为以资金和技术推动为主，劳动力和其他物化要素的投入比重和边际收益逐渐下降，经济增长逐渐转到依靠全要素生产率的提高上来。早期的全要素生产力研究成果都认为技术进步是最核心的动因，而随着研究的深入，越来越多的学者认为除技术进步外，技术效率对经济增长的贡献也非常显著。技术效率是用来判断生产者的活动接近社会生产前沿面的程度，即在既定的要素投入下，个体生产者的产出量接近最大前沿面的水平，客观上反映了实际产出水平与理论产出水平的差距。经济学家法瑞尔提出，经济效率包括技术效率和配置效率两个方面，技术效率是通过技术创新、组织创新和制度变革等举措实现产出增加的，即产出更加逼近了生产前沿面。技术配置效率和技术效率之间不存在必然的因果关系，技术效率的提高也可能会造成配置效率的下降，配置效率的提高也不一定能提高技术的产出效率。生产技术效率反映的是在既有的生产力水平条件下，一定要素投入的投入产出比。在给定的要素和产品的价格水平下，通过要素配置的最优化，最大程度地发挥现有技术和经营管理的水平，争取实现投入产出比的最大化。受各种内外环境的影响，实际产出与理想产出相比，总是存在一定的差距。理想产出大小在于前沿面的确定，另外一个与之相关的概念是平均产出水平，通过劳动力、资金、土地及技术等各种投入要素与实际产出的回归拟合确定平均意义上的投入产出关系水平。关于技术效率的前沿水平、实际水平和平均水平间的关系有许多研究成果，如法瑞尔（Farrell，1957）等人提出如下关系模型图 3-5：

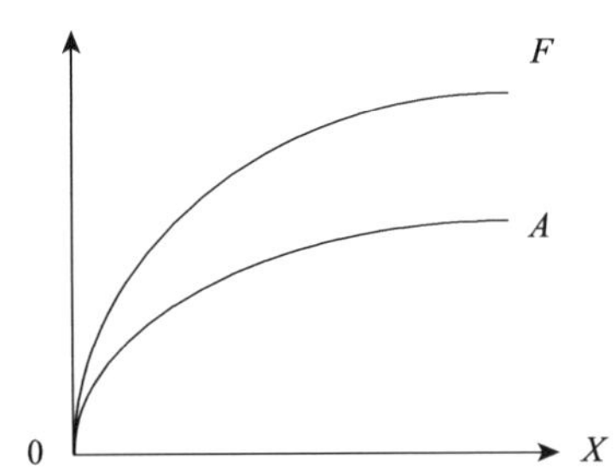

图 3-5　均值生产函数与前沿生产函数

图 3-5 表明了均值生产函数与前沿生产函数的数量关系，上方的 F 曲线为前沿生产函数，曲线 A 为实际生产函数，处于 F 曲线的下方，具体的差距受各经营主体的技术管理水平与当时市场状况的影响。实际生产值肯定位于 F 曲线及其下方，与曲线 A 的位置关系不确定，但越靠近 F，表明技术效率越高。本书以此理论为基础，以农户为生产单元，采用技术效率测定的两种主要方法，数据包络分析法和随机前沿生产函数法进行农户马铃薯种植效率测算，进而提出优化技术效率的方法。

3.2.7　可持续生计发展框架理论

可持续生计框架是一种从多种视角分析贫困产生的原因并给予不用解决方案选择的集成，此框架特别强调个体能力在致贫及脱贫过程中的作用，是从制度和综合层面进行生计状况、生计策略和生计能力发展判识与研究的分析方法[181]。其最早在 1987 年的世界环境和发展委员会报告中被提及，从此逐渐成为研究贫困、可持续、生计系统和多样性等问题的重要工具。联合国环境和发展大会于 1992 年正式将其引入行动议程，提出消除贫困的主要目标是生计的稳定。此后，以英国国际发展部（DFID）为代表的相关组织和机构对其进行了丰富和完善，提出了包括概念、分析框架及原则等在内的系统理论，并广泛应用于发展中国家的贫困和可持续发展研究中，形成了丰富的研究成果。此分析框架的主要特点有：①坚持以人为本的基本思想。其特别强调人在发展过程中的作用，其不仅在微观的家庭和社区层面上，而且在更高乃至整个社会发展过程中都是应该被首要考虑的因素。即在解决贫困和发展问题时，要综合考虑个体的发展、能力提升、参与意愿及生计目标与诉求等。②突出可持续性的特点。即强调生计在面对外来挑战时，要具备自我调适和应对的能力，重要前提是与自然和他人的和谐相处，保证自然系统的恢复力，保证基本的利用社会资源的机会。③强调发展能力，不单着眼于眼下的生计改善，更重要的是考虑个体的知识、技能、社会交往能力等方面的提升，以提高其决策能力和生计策略的多元化。

可持续生计分析框架表明了影响个体生计的各种因素及其相互关系，通过一个非线性的多因素综合作用模型分析其对个体生计的影响，具体模型如下：

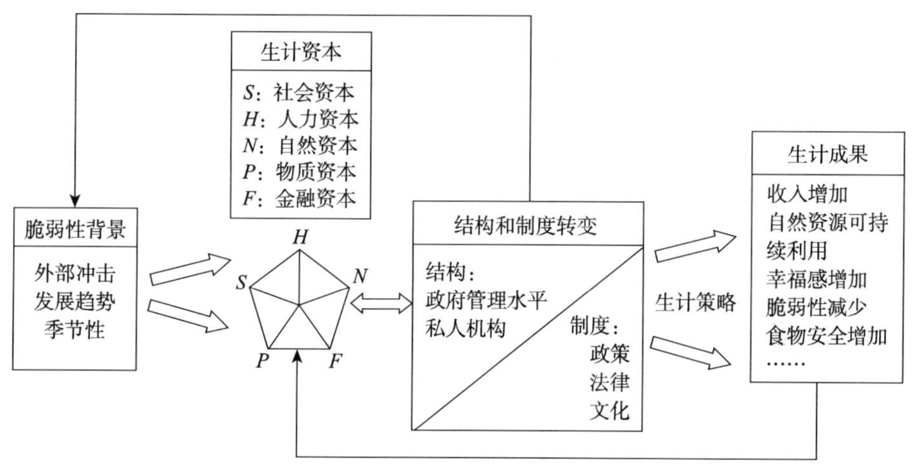

图 3-6 DFID 可持续生计分析框架

图 3-6 反映了脆弱性背景下的农户生计可持续优化路径，S、H、N、P、F 分别代表社会资本、人力资本、自然资本、物质资本和金融资本，五边形中心点为各项资产为零的状态，而五条线的外端顶点为资产最大值。农户的生计资产状况会影响政府的组织构建和政策变迁，同时农户也会对组织和政策的变化及时做出响应，最终实现脆弱性降低、生计多元化、总福祉增加的可持续发展目标。案例区为我国集中连片贫困区之一，自然环境非常差，农户生计较为单一，本书试图用可持续发展框架分析马铃薯技术采用对农户生计的影响，判识其生计状况、生计能力及生计策略的变化。

4 农户技术采用过程分析

Rogers将农业技术采用划分为五个阶段，大致有认知、说服、评价、试用和确认阶段，这是从心理学角度对农户的技术采用心理认知到最终采纳的分析。受数据搜集的限制，目前有关农户技术采用的大多数研究成果都集中在确认阶段，主要以农户技术采纳与否的影响因素分析为主，对农户技术采用前的技术认知及采用后的效应研究成果较少，缺乏对农户技术采用全过程的研究。因此，本书从农户技术采用前、中、后三个视角出发，基于第三章的基本概念和理论分析，对农户技术感知及其对采用倾向的影响、农户技术需求与决策影响因素、农户技术效率生计效应进行概念界定和研究模型设计，为后面的实证研究做好理论铺垫。

4.1 农户技术感知与技术采用倾向

4.1.1 技术感知与技术采用倾向

要检验技术感知对农户技术采用倾向的影响，首先需要界定两个基本概念，即农业技术感知以及农业技术采用倾向。

(1) 感知价值。在传统的经营理念中，企业往往认为让顾客满意就能赢得客户，获得稳定的市场份额。但一份研究显示，即使在被调查中对企业产品非常满意的消费者中，也会有65%～85%的人会去购买其他企业的产品。Brad Gayle的进一步研究指出，经营者的关注点必须从让顾客满意转到提高顾客的感知价值并提高对产品的忠诚度上来，认为顾客的购买行为是在一定收入水平下、在有限理性和既定偏好的影响下追求消费价值最大化的过程，而在购买使用之前实际影响购买决策的是感知价值而非实际价值[182,183]。

Zeithaml将消费者的感知价值定义为：消费者将所能感知到的购买所得与购买产品所付出的各种成本进行权衡比较后对产品或服务的效用做出的总评价。其认为感知价值是个体和独特的，同时也是综合，是综合各种知觉的一种综合印象。另外，Kotler和Monroe等的研究也提出类似的界定。Wood和Scheer提出了成本的另一个维度，即感知风险，认为风险作为购买后对结果的一种不确定性感知，对消费者购买决策影响更大。

（2）购买倾向。倾向或者意向是行为发生的主观决定，在很大程度上直接导致行为发生，是可以对行为做出解释的心理过程。Schiffman 等认为购买倾向是衡量消费者购买某项产品的可能性大小的，也是一种主观判断，从发生顺序上来讲，是位于感知价值之后的心理阶段，一方面反映了消费者对产品的喜好程度，另一方面反映了其购买该产品概率的大小，因此，在一定程度上可以作为预测消费者购买行为的指标。从其对购买行为的影响方向来看，可以将其分为正向意向和负向意向。正向意向是消费者在对产品认可和满意的基础上做出的，对购买行为有积极的促成作用，而负向影响则是消费者对产品持反感态度，会减少购买产品的可能性直至拒绝消费。董大海等（2003）认为，购买倾向包括重复购买、口碑和溢价购买。重复购买和溢价购买表示消费者对产品的忠诚度极高，这类消费者是企业所必须重点关注和维系良好关系的群体[183]。消费者在做出购买决策之前，往往会通过各种渠道搜集产品和服务的信息，其中亲朋好友的评价和意见非常重要，因此口碑效应一定要引起足够的重视。特别是负面的口碑效应，其传播速度和影响力比积极的口碑更显著，经营者一定要努力杜绝此类口碑事件的发生。

（3）农户技术感知。借鉴以上概念，本书提出农户的技术感知的概念如下：农户基于自身对区域农作物生长习性及农业生产环境的认识，对某一农业技术采用后带来的预期成本、收益及使用风险等综合效应的认知，是影响农户技术采用与否的根本动因。作为一种生产性的投入要素，农户对其感知的主要诉求是功能价值，即农业技术在多大程度上能提高农产品产量和质量，或者能否有效阻止病虫害的威胁，本书将其定义为收益感知维度。第二个是价格感知，一般来讲，农业技术的价格与可预见的技术收益相比还是比较小，因此农户对其价格的敏感性比一般的日用消费品要低。但是囿于农户支出能力的限制，作为即时性支出而收获期较长又具有一定风险性的投入来讲，仍是农户采用技术时注重考虑的因素之一，本书将其定义为成本感知维度。第三个影响农户技术感知价值大小的因素就是风险认知，调研结果显示，假技术是农户首要担心的问题，假种子、假化肥等不仅让农民白白付出了购买成本，而且耽误了农作物的收成，给农户造成不可挽回的损失；即便是有效的农业技术，其在当地的农业生产条件下的适用性也是农户担心的问题；此外，技术使用过量可能会给当地的农业生产带来挑战，如化肥、农药等要素的过量投入可能会带来土壤污染和板结的问题。本书将以上三个方面的内容定义为技术风险维度；最后引入另外两个与风险相关的因素，一是农户对化肥、农药等技术在施用过程中对人体危害性的认知，二是农户对技术可能给农产品带来的质量安全问题的认知，本书将其定义为健康风险维度。而一般消费品所具有的社会价值及情感价值等维度在农户的农业技术感知方面表现不明显。

(4) 农户技术采用倾向。即农户对耕种方式、新品种及病虫害防治等技术做出价值感知判断后，在自身从事农业生产过程中采用技术的可能性的大小。这方面的研究已经非常多，主要集中在对农户技术采用倾向的影响因素分析方面，主要是通过大样本的调研，运用 Probit、Tobit 等模型分析影响农户技术采用的影响因素，其中得到普遍认同的有农户的年龄、文化水平、是否参加培训、政府的技术推广水平、社交网络的水平等。

4.1.2 研究假设

(1) 技术收益感知、技术成本感知、技术风险感知、健康风险感知与技术感知价值的关系。技术收益感知是农户对采用某种农业技术预期收益的预判，比如采用新品种技术可能带来的农产品产量和质量提高的预期，很显然与农业技术的价值感知是呈正向关系的；技术成本感知是农户对采用某种技术所花费成本的认识，主要包括技术信息搜寻、购买价格、更换新技术的配套成本及种植习惯改变等可能的成本，成本感知越大，农户采用技术的心理阻力就越大，对新技术的价值感知就越低；农业技术的风险感知是农户对农业技术施用后无法实现预期收益概率的判断，技术采用的个体健康风险包括两个方面，一个是施用该技术过程中对自身健康的影响，二是施用后对农产品品质的影响，无论是技术风险还是健康风险，按照正常的逻辑关系推断，都应该与技术的价值感知呈反向关系。综合以上分析，提出如下假设：

假设 1 (H1)：农业技术的收益感知对其价值感知有正向影响关系；

假设 3 (H3)：农业技术的成本感知对其价值感知有负向影响关系；

假设 5 (H5)：农业技术的技术风险感知对其价值感知有负向影响关系；

假设 7 (H7)：农业技术的健康风险感知对其价值感知有负向影响关系。

(2) 技术收益感知、技术成本感知、健康风险感知、技术风险感知与技术采用倾向的关系。技术采用倾向是农户采用某种农业技术的意愿表达，作为直接导致采用行为是否发生的直接动因，其受行为的成本-收益分析的影响更为显著。理性行为理论指出，作为行为意向的一种，技术采用倾向势必受到决策者依据自己的价值标准做出的各种判断，如预期收益、感知结果的好坏及发生概率等的影响。据此，提出如下假设：

假设 2 (H2)：农业技术的收益感知对其采用倾向有正向影响关系；

假设 4 (H4)：农业技术的成本感知对其采用倾向有负向影响关系；

假设 6 (H6)：农业技术的技术风险感知对其采用倾向有负向影响关系；

假设 8（H8）：农业技术的健康风险感知对其采用倾向有负向影响关系。

（3）根据上文对两者概念的界定，提出技术感知价值与采用倾向的假设关系：

假设 9（H9）：农业技术的价值感知对其采用倾向有正向影响关系。

根据以上九个假设，构建如下分析模型：

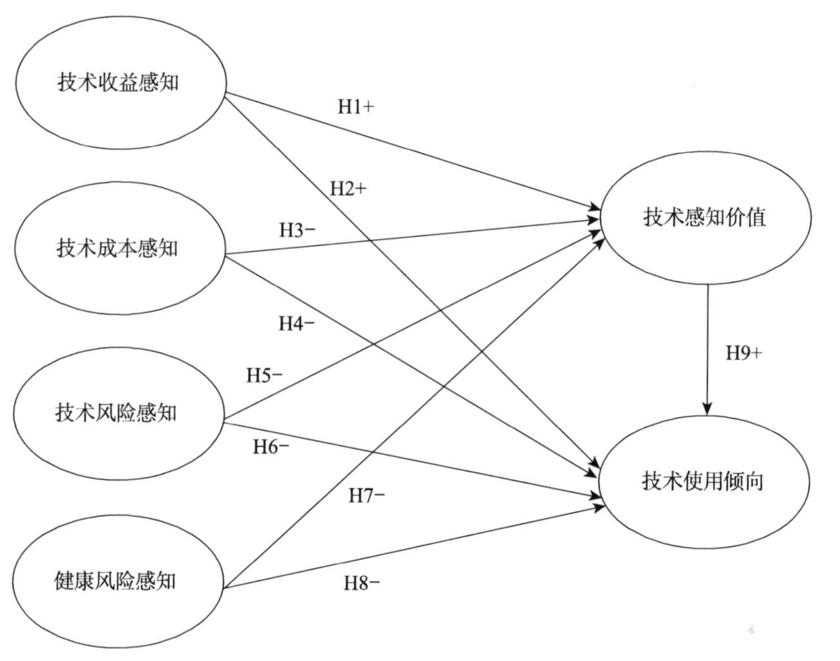

图 4－1　感知价值影响技术采用倾向模型

4.1.3　结构方程模型分析

运用结构方程模型对农户技术感知价值影响其技术采用的假设进行检验，结构方程建模在多因素特别是存在不可测的潜变量分析方面有独特的优势。路径分析检验观测变量之间的因果关系，验证性因子分析检验观测变量与潜在变量之间的因果关系，而结构方程建模则是检验观测变量与潜变量间及多个潜变量内部的关系（Crowley 和 Fan，1997）。结构方程模型的研究包括模型设定、验证性因子分析、拟合优度判识、模型修正及模型评价等过程。具体的结构方程可以分为测量方程和结构方程两部分，测量方程是用来测度可测变量与潜变量间的关系，而结构方程则用来描述潜变量之间关系。本书采用 Lisrel8.7 进行技术感知对农户技术采用倾向的影响分析，理论模型图和测算公式如图 4－2 所示。

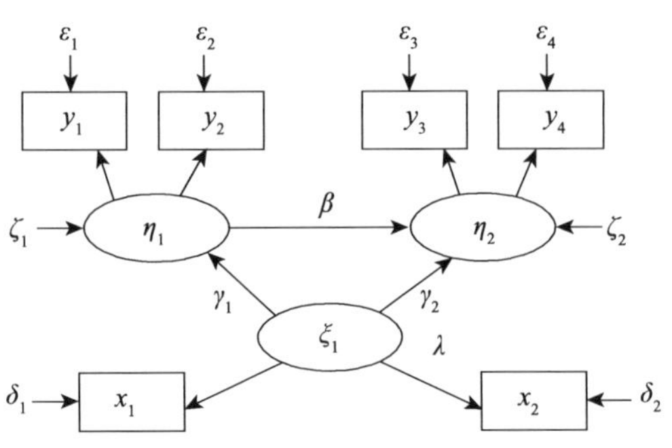

图 4-2　结构方程理论模型

对于指标（可测变量）与潜变量间的关系，通常以如下测量方程进行表达：

$$\underset{(q\times1)}{x} = \underset{(q\times n)}{\Lambda_x}\ \underset{(n\times1)}{\xi} + \underset{(q\times1)}{\delta}$$

$$\underset{(p\times1)}{y} = \underset{(p\times m)}{\Lambda_y}\ \underset{(m\times1)}{\eta} + \underset{(p\times1)}{\varepsilon} \qquad \text{（式 4.1）}$$

其中：x——外生潜变量 ξ 的可测变量组成的向量；

y——内生潜变量 η 的可测变量组成的向量；

ξ——外生潜变量组成的向量；

η——内生潜变量组成的向量；

Λ_x——外生测量指标与外生变量之间的关系，是外生测量指标在外生潜变量上的因子载荷；

Λ_y——内生测量指标与内生变量之间的关系，是内生测量指标在内生潜变量上的因子载荷；

对于潜变量间的关系，通常写成如下结构方程：

$$\underset{(m\times1)}{\eta} = \underset{(m\times m)}{B}\ \underset{(m\times1)}{\eta} + \underset{(m\times n)}{\Gamma}\ \underset{(n\times1)}{\xi} + \underset{(m\times1)}{\xi} \qquad \text{（式 4.2）}$$

其中：B——内生潜变量系数阵；

Γ——外生潜变量系数阵；

ξ——结构方程的残差项，反映了在方程中未能被解释的部分。

本书运用结构方程模型，对图 4-1 的假设进行检验，测度相关测量指标对农户技术感知价值及采用倾向相关潜变量的影响，以及 6 个潜变量之间的关系。

4.2　技术需求与决策分析

4.2.1　技术需求与技术决策

（1）技术需求。之前的很多研究成果都表明，农业科技成果转化率低的主要原因在于缺乏高效的农业技术推广系统，在此基础上提出了“最后一公里”障碍的观点，并努力寻求解决之道。但在案例区的调研表明，农业技术难以被农民消化和接受，症结并非仅仅是最后的宣传与指导，而是农民在试图去接受不断推出的农业科技成果时却发现，许多农业技术存在当地农业生产条件的适应性问题。标准实验室里诞生的农业科学技术，在没有经过农业生产条件下的适应性改良与实验之前，当地往往农民不敢使用。另外，部分农业技术还存在成本过高、政府强制摊派等问题，以上问题表明目前的农业技术研发与推广的全过程缺乏对受众需求的分析，从信息和技术的传播学角度讲，是一种“自上而下”的传播模式，研发企业、技术权威、技术推广机构拥有绝对话语权，作为农业技术的施用者和受益者在很大程度上只能是被动接受和选择已经成型的技术，农户在一线农业生产中总结出的技术需求和技术改良方法等信息缺少正常的反馈渠道，研发和应用的隔离导致了研发与实际应用的脱节，这是农业科技成果转化率低的根本原因。基于此，本书提出农户技术需求的概念，是指农户在从事农业生产的过程中，对于良种等物化的农业生产资料和测土配方等无形的农业生产技术服务的需求，以及在技术使用过程中遇到障碍时寻求解决方案的意愿。

（2）农户技术决策及影响因素。农业技术采用决策即农户做出是否采用某项农业技术的决定，其影响因素是研究的焦点。相关研究成果主要强调两个方面：一个是作为决策者的农户的个体属性特征，如户主特质、家庭禀赋等，二是农户所处的外部环境，如村域经济状况、社区关系网络、与区域经济中心（县城、集市）的距离等方面。受数据获取难易程度的影响，主要成果集中在第一个方面，主要的研究变量为户主的年龄、性别、学历、风险偏好及社会网络等，但也有研究指出，新技术的采用是个体特征与所处环境综合作用的结果，外在环境对技术采用决策的影响不容忽视。认为技术环境是在一定的时空范围内影响农户技术采用的各种因素的综合体，包括自然地理条件、区域种植结构与种植习惯、政府的政策扶持力度、交通信息流通环境、农村技术设施配备情况等。

结合案例区调研，本书认为目前研究中个别变量需要调整，一是随着农村经济环境、交通通信及家庭禀赋条件等方面的改善，部分研究变量对农户技术采用的影响已经不显著，如电话、电视、报纸等各种通信和媒介渠道对农户的区分度已经不大；二是部分变量已经不合时宜，比如距离因素，之前许多研究都把农户与行政或经济中心（县城、集市）作为技术传播的物理距离作为研究变量。调研中发现，目前农户接受农业技术的渠道多为政府、经销商、涉农企业及合作社等组织的推介，自身前往县城购买或者通过集市获取技术以及信息的比率很低；三是大部分研究往往暗含一个假设前提，即农户只有从事农业生产一个选择，甚至只有种植所研究的技术适用的农作物，但实际情况却是，农户往往存在种植多种农作物的选择，作物的可选择性也就意味着农业技术的可替代性。此外，经济发展带来的用工需求及农业产业链的延伸，也给农户带来了更多的非农就业选择，农业的多元种植和农业外的职业多元化成为影响当今农户技术采用的重要因素。因此，本书剔除了传统研究中部分不合时宜的变量；将距离因素确定为农户与最近的农业科技中心（定西国家农业科技园及其次级园区与技术中心）的距离，提高距离因子分析的针对性；将机会成本作为单独变量引入技术采用影响因素的分析模型，并从农业内、外部对机会成本进行界定。

4.2.2 技术决策影响模型

对于农户技术需求的研究主要通过频数计算来进行，而技术决策影响因素则需要构建模型以测算不同变量对其影响的程度。关于农业技术采纳的决策，Atanu Saha 等（1994）提出一个经典模型，基于新技术较传统技术存在更大风险的视角，提出“采纳一项新技术标准为边际收益大于边际成本”的论断。在此基础上，孔祥智（2004）、郭霞（2008）等指出，农户是否采用新技术，不仅取决于对新技术本身收益的判断，还包括基于新旧技术收益的比较而做出的决策。孔祥智对 Saha 等的模型进行了修正，假定采用某项传统技术的单位成本为 r，采用新技术增加的单位成本为可预知的 w，将技术采纳的条件修正为：

$$pg(m)\tilde{e}(Z)-(w+r)m \geqslant p_0 f(m)-rm \qquad \text{（式 4.3）}$$

其中，$g(\cdot)$ 为采用新技术后的生产函数，p_0、p 为使用新技术前后农产品的价格，m 为生产规模，$f(\cdot)$ 表示采用传统技术的生产函数。$\tilde{e}(Z)$ 代表农户个体特征及其周边环境等影响技术采用的因素所带来的主观风险函数，且 $\tilde{e}(Z)\in[0,1]$，研究农户技术采纳的影响因素，本质上就是研究这些因素影响的主观风险函数 $\tilde{e}(Z)$，

$$\text{又因 } p,g(m)>0\text{，由（1）得：}\tilde{e}(Z)\geqslant \frac{p_0 f(m)+wm}{pg(m)} \qquad \text{（式 4.4）}$$

由于不等式右边各因素具有显著的客观性，我们设其为某未知常数 K_0，即农户采纳决策的主观风险函数的临界值为 K_0，（4.4）式可转化为 $\tilde{e}(Z)\geqslant K_0$。设 y 为技术采纳的因变量，即 $\tilde{e}(Z)\geqslant K_0$ 时 $y=1$，否则 $y=0$。参照经典假设，我们把 Z 视作农户禀赋及其外在环境的线性函数，有：

$$Z=\beta+\sum_{i=1}^{n}\alpha_i x_i+u \quad \text{（式 4.5）}$$

其中，u 为服从极值分布的随机变量，x_i 表示农户的第 i 项禀赋，β 和 α 分别表示待估参数。

根据二项 logistic 回归模型，$prob(y=1)=\frac{e^Z}{1+e^Z}=E(y)$（式 4.6）

对公式（4.6）的 Z 求导可得，$\frac{dE(y)}{(dZ)}=\frac{1}{(1+e^Z)^2}>0$，所以 $E(y)$ 即 $prob(y=1)$ 的值，且随 Z 值的增大而单调递增。根据我们的假设，$\tilde{e}(\cdot)$ 与 $prob(y=1)$ 正向相关，所以，$\tilde{e}(\cdot)$ 与 Z 正向相关，即在实证过程中，可通过分析各项 i 对 Z 的影响，分析 $\tilde{e}(\cdot)$ 对农户技术采用的影响[184]。

本书采纳孔祥智的研究结论，加入机会成本变量 C，将公式（4.3）变为：

$$pg(m)\tilde{e}(Z)-(w+r)m\geqslant p_0 f(m)-m-C(Z) \quad \text{（式 4.7）}$$

并以公式（4.7）为基础进行变量设置及 Logit 模型估计分析。

4.3 技术效率与生计效应

4.3.1 技术效率与农户生计

（1）农户技术效率。技术效率（Technical Efficiency）是测度生产者在既有的投入水平和技术发展水平的条件下，通过要素的组织配置能达到的最大产出能力。在传统的技术效率分析中，都暗含着生产者能做出最佳安排并获得最优产出的假设，即能够获得“产出不变而投入最小”或者“投入不变而产出最大”的最佳生产结果，因而基于此假设条件下测算的生产效率是现有技术水平下的生产者最大可能性边界（Production Frontiers）。但现实的农户生产过程往往很难达到这样的理想状态，生产者受行为惯性、有限理性、市场波动、信息获取及处理的能力等方面的限制而只能做出次优选择，即大部分农户的生产效率会落在效率生产边界以内，与最优效率存在一定的距离，这个距离就是技术效率的问题，也就是说技术效率是测算技术决策单元的效率与最佳效率单元间差距的指标。

（2）农户生计[185]。在关于农村贫困与发展的相关文献中会经常提及生计这一概念，被大多数学者采纳的定义是“生计是谋生的方式，该谋生方式建立在能力、资产（包括储备物、资源、要求权和享有权）和活动基础之上”。Elils（2000）认为，这个定义包括生计研究中两个最重要的侧面，即农户的所拥有的资产和其所要进行的行动之间的关系，即农户基于自身资产基础水平所做出的谋生方式选择。Scoones（1998）将生计资本分为有形和无形两类，后来为了调研方便重新进行了划分，即自然资本、金融资本、人力资本和社会资本 4 种类型。当下被广泛采用的生计分析框架为英国国际发展部（DFID）提出的生计概念，其将金融资本又细分为金融资本和物资资本两种，即生计概念被拓展为 5 个部分：自然资本、金融资本、物资资本、人力资本和社会资本。具体来讲，自然资本是农户能够用来维持和提升自身生计的各种资源，如土地、水及各种生物资源。农户拥有的自然资本的数量和结构受其所处地域的自然资源环境和个人利用能力两个方面的影响。物质资本是指农户除去自然资本的其他物化资产，是家庭经营产出或者购买的用于生产或生活的各种实物，如住房、农具、公路、电器等基础设施和生产、生活工具。金融资本主要是指农户拥有的现金及存款数量，还包括可以获得的借款和贷款的能力，即家庭筹措和利用金融资源的能力。在许多研究中，特别是落后地区，一些容易变现的物质资本也被看成是金融资本，如储存的农产品及耕牛等。人力资本的概念是由美国经济学家西奥多·舒尔茨提出的，他提出了人力资本的三个维度，即知识、技能和体能，认为是个体通过不断的投资而累积起来的身体和心智素质的提升。社会资本是指农户所拥有和利用社会资源，很多研究者将其分为结构性社会资本和认知性社会资本。结构性社会资本指相对较为容易被判识的社会结构，如社会网络、协会和制度。

本书的案例区为我国西北典型的贫困地区，农户的谋生途径较为单一，对农业生产的依赖较大。因此，在可持续生计分析框架下，着重从技术采用对农户生计能力、生计方式及金融资本（包括物质资本）和人力资本进行技术采用的生计效应分析，以期提出基于技术的改善农户生计状况的策略。

4.3.2 数据包络法及其应用

数据包络分析法（DEA）是由 Charnes（1987）等提出的一种计算相对效率的技术效率测算方法，以凸分析和线性规划方法为基础，通过假定输入或者输出不变，将决策单元（DMU）的技术效率映射到前沿空间中，落到数据包络线上为有效率，否则为无效[186]。由于其不构建函数，不是通过对数据的综合运得到结果的，因此对变量的量纲无要求。本模型的最大特点是可以进行多投入多产出模式的效率测算。效率值是各决策单元（DMU）与生产前沿边界线上农户的差距程度，即求解如下线性规划问题：

$$TE_i = \min_{\theta,\lambda} \theta_i$$

$$\text{s.t.} \quad -y_i + Y\lambda \geqslant 0$$

$$\theta x_i - X\lambda \geqslant 0$$

$$\sigma x_i - X\lambda = 0$$
$$N'_1\lambda = 1$$
$$\lambda \geqslant 0, 0 \leqslant \sigma < 1, i = 1,2,\cdots,N \quad \text{(式 4.8)}$$

具体到本书的研究来讲，上式中各变量的含义如下：θ_i 是代表农户 i 的马铃薯生产效率得分标量；λ 为 $N\times1$ 阶常数向量；Y 是 $M\times N$ 阶产出矩阵，X 是 $K\times N$ 阶投入矩阵；y_i 是农户 i 的一个 $M\times1$ 阶产出向量；x_i 是农户 i 的一个 $K\times1$ 阶投入向量；N_1 是 $N\times1$ 阶单位向量。θ_i 为无量纲数值，赋值区间为 $0<\theta_i\leqslant1$，若 θ_i 值$=1$，即农户 i 坐落在前沿边界线上，表明该农户的生产是有效率的。此公式的约束条件为 $\sigma x_i - X\lambda = 0$、$N'_1\lambda = 1$，这是规模收益可变（VRS）和投入弱处置（WD）条件下的 DEA 模型，即模型 2；而当 $\sigma = 1$ 和不存在 $N'_1\lambda = 1$ 约束时，上式就成为规模收益不变（CRS）和投入强处置（SD）条件下的模型 1，本书采用可变的 VRS 模型进行效率测度。

4.3.3 随机前沿生产函数法及其应用

随机前沿生产函数分析法（SFA）是由美国的 D. Aigner，C. Lovell 和 C. Schmidt 和比利时的 W. Meeusen，J. Vanden Broeck 于 1997 年基于确定性前沿函数改进的基础上提出的，该方法将 TEP 分解为生产前沿面和技术效率两块，即提出了一种可以同时测算最佳生产函数和技术效率损失函数的方法，将随机因素纳入分析框架，大大提高了技术效率分析模型对现实生产过程的解释能力。假设有 A 和 B 两个生产者，其生产的投入产出曲线如图 4-3 所示[185]。X 轴和 Y 轴分别表示投入和产出向度，f（x）为确定的前沿面函数，假设 A 投入 I_1 的确定产出前沿面为 C_1，受随机因素的影响，其随机前沿面可能为更高的 B_1，如其收入为 O_1，则其技术效率为 $TE_1=I_1O_1/I_1B_1$；B 的投入和产出分别为 I_2、O_2，受不利随机事件的影响，B 的随机前沿技术效率 B_2 可能会低于确定性技术效率 C_2，其 $TE_2=I_2O_2/I_2B_2$。基于更多个体的技术效率测算可以计算出其平均技术效率并估算出 f（x）。

其理论模型（Battese 和 Coelli，1995）为：

$$Y_i = f(X_i,\beta)\exp(\varepsilon = V_i - U_i) \quad \text{(式 4.9)}$$
$$\ln Y_i = \ln f(X_i,\beta) + V_i - U_i \quad \text{(式 4.10)}$$

模型（4.9）为随机前沿函数的基本形式，模型（4.10）为其对数形式。其中，Y 代表每个技术单元的实际产出，f（x）表示生产可能性边界上的确定性产出；X_i 代表各种要素的投入（包括资本、劳动力、技术等投入要素）；β 为未知参数；ε 为合成误差项，V_i 为技术采用单元无法控制但又影响技术效率的各种因素，例如统计误差、自然灾害等。U_i 为第 i 样本单元的技术无效率

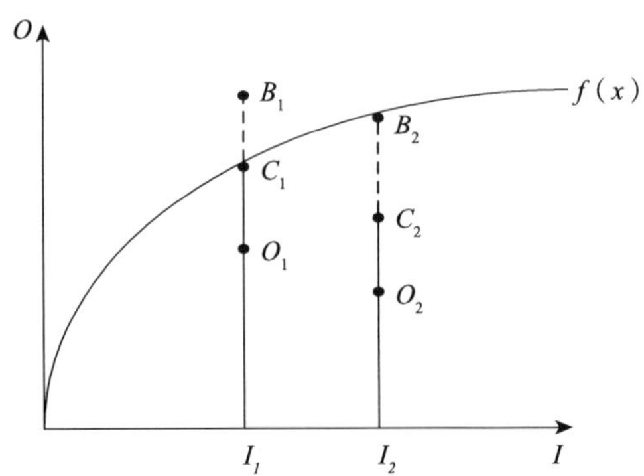

图 4-3　随机前沿生产函数分析

的部分，即样本产出与生产前沿面的差距。由于存在不可观测的随机扰动项，参数估计不能采用 OLS 模型，需用最大似然回归方法，根据 Coelli 等人的思路，一般运用参数 $\sigma^2=\sigma_v^2+\sigma_u^2$ 和 $\gamma=\sigma_u^2/(\sigma_v^2+\sigma_u^2)$ 替代观察误差的方差 σ_v^2 和技术效率的方差 σ_u^2，对 γ 估计值的统计检验可以判断样本单元的技术效率变异是否能通过统计上的显著性检验。

5 研究区选择与典型性分析

本书实证研究选择定西国家农业科技园为技术扩散源，甘肃中部定西周边县域为技术扩散区域，马铃薯种植技术为扩散技术，对农户的技术采用行为进行研究。本章首先介绍定西国家农业科技园的基本情况，然后在对不同尺度马铃薯种植格局演变分析的基础上确定调研区域，进而确定样本选择和调研安排。

5.1 定西国家农业科技园

甘肃定西国家农业科技园始建于1999年11月，前身是定西县旱作高效农业开发区，2001年8月被科技部确定为全国首批21个国家农业科技园（试点）之一，2009年11月顺利通过科技部综合评价和挂牌验收，正式命名为甘肃定西国家农业科技园。园区总规划面积36万亩*，其中：核心区1万亩，示范区5万亩，辐射带动区30万亩，总体目标是建成全国一流的旱作生态型农业园区。核心区建设地点在定西市区西郊，属定西市城市总体规划区；示范区以定西市安定、渭源、临洮、陇西、通渭、岷县、漳县等各县（区）特色农业园区为主，作为定西国家农业科技园的次级科技园区，它们业已成为向辐射区进行技术扩散的重要平台；辐射区主要包括全市七县（区）。薯种技术的影响范围非常广，园区生产的马铃薯脱毒种薯已扩展到山东、河北等多个省份。园区的主要特点有：一是突出科技研发，引进、实验、示范、推广了一批新品种、新设施，组装配套、集成转化了一批农业新技术、新成果。二是突出旱作农业，成功建立了“集雨节灌水窖＋高效设施＋特色农业＋节水技术”四位一体的高效旱作农业发展模式，试验、示范、推广了一批节水农业技术体系。三是突出特色产业，建成了全国最大的马铃薯脱毒种薯繁育技术推广基地；培育形成了马铃薯、畜草、中药材、高效设施农业等特色产业。其中，尤以马铃薯相关技术和基地发展最为突出，主要成就有：

* 亩为非法定计量单位，1亩＝1/15公顷。编者注。

5.1.1 科技研发和创新能力

建园以来，依托定西市旱农中心、爱兰薯业公司等科研单位和龙头企业，成立了国家现代农业产业体系马铃薯综合试验站，甘肃省马铃薯工程技术研究中心，与兰州大学、甘肃农业大学、定西高等师范专科学校等高等院校建立教学实验基地3个。甘肃省马铃薯工程技术研究中心、定西市设施农业工程技术研究中心、定西市丰源农业科技有限责任公司等龙头企业先后选育出具有自主知识产权的马铃薯新品种2个，获国家专利8项，如国家发明专利《大丽花脚芽周年快繁技术》《温室简易智能化自动卷帘控制系统》等5个，实用新型专利《马铃薯组培苗培养透明封口盖》《日光温室卷帘机自动控制器》等3个；市旱农中心主持和合作完成的甘肃省地方标准《马铃薯脱毒种薯生产技术规程和技术标准》《马铃薯种薯茎尖脱毒和组培苗繁育技术规程》等8个。

5.1.2 种植技术

马铃薯产业主要依托爱兰薯业公司、定西凯凯植物快繁中心等16家种薯生产龙头企业，引进、试验、筛选大西洋、台湾红皮、夏菠蒂、费乌瑞它等优质专用加工型马铃薯新品种（系）35个，形成了具有国内先进水平的陇薯、渭薯、武薯、甘农薯、青薯和外引专用薯等六大优良品种系列，培育出马铃薯定薯1号、定薯2号新品种2个，建成了全国最大的马铃薯脱毒种薯生产基地。示范园内先后建成日光温室650多座（650亩），连栋智能温室2座（6亩），组培室及自然光照培养室20 820平方米，中枢储藏库27 340平方米，马铃薯原种生产网棚1 200亩，良种繁育基地3 000亩。累计生产马铃薯原种6.95亿粒、原种3万吨、一级种10万吨，实现产值2.54亿元。

5.1.3 旱作农业技术

示范区以定西市安定、渭源、临洮、陇西、通渭、岷县、漳县等各县区特色农业园区为重点，规划面积5万亩，目前完成示范区面积10.5万亩，为规划面积的210%。主要是对核心区研制的新技术、新成果集中进行示范。采用覆膜保水、雨水集流、微喷滴灌、兴修梯田等高效节水技术，建立旱作农业成果示范基地1.5万亩，通过以地膜全覆盖为基础的旱作农业种植模式试验、示范和组装配套，创新研发出适宜定西的“黑色全膜＋配方施肥＋脱毒种薯＋机械耕作＋统防统治”马铃薯高产高效栽培技术，实现了马铃薯产量和效益的同步提高。

5.1.4 龙头企业与区域发展

近20年以来，园区累计入驻各类农业企业300户，企业聚集度显著提升。爱兰薯业公司、凯凯植物快繁公司等一大批龙头企业，紧紧围绕马铃薯产业，通过发展订单农业、提供种子种苗、回收产品，开展产前、产中、产后全方位的技术指导和信息服务，以“企业＋基地＋农户”的方式建立示范基地，与广大农户建立合作双赢的利益共同体，实现了农户与农业企业的有效对接，提高了农民的组织化程度，促进了区域农业产业结构调整和农业产业化经营，带动了农村经济的快速发展。

5.2 马铃薯种植区域格局分析

5.2.1 全国马铃薯种植空间格局演变

在传统种植习惯、农业生产条件约束和基于比较收益的农户作物种植选择综合作用下，我国马铃薯种植形成了四大典型耕作区，《马铃薯优势区域布局规划（2008—2015年）》将全国分为四大主产区：北方一季作区、中原二季作区、西南一二季混作区和南方冬作区。其中北方一季作区主要包括西北地区的甘肃、青海、宁夏全部，陕西北部、新疆的天山以北地区及东北地区的黑龙江、吉林和辽宁省除辽东半岛以外的大部分地区，华北地区的山西北部、河北北部、内蒙古全部。此区域是我国马铃薯最大的主产区，种植面积占全国的49%左右，是我国主要的种薯产地及工业加工原料薯生产基地。中原二季作区主要包括辽宁、河北、山西3省的南部，河南、山东、安徽、江苏、浙江和江西等省份。这个区域马铃薯种植面积占全国的5%左右。西南一二季混作区主要包括云南、四川、贵州、重庆、西藏等省（区、市），湖南和湖北西部地区，以及陕西的安康市。该区是我国马铃薯种植面积增长最快的地区之一，面积约占全国的39%。南方冬作区主要包括江西南部、湖南和湖北东部、广东、福建、广西、海南和台湾等省（区）。此区域的特点是，利用水稻等作物收获后的冬闲田进行种植，在马铃薯出口和早熟鲜食方面效益显著。近年来种植面积发展迅速，种植面积占全国的7%左右。不难看出，甘肃省所在区域是全国马铃薯的主要生产区，生产优势突出。为进一步了解我国马铃薯栽培的区域格局演变，利用1995—2019年的《中国农村统计年鉴》[187]，以各省级行政单元的马铃薯种植的面积和产量等数据为基础，研究其空间演变，分析甘肃省马铃薯种植的区位优势度。

（1）1994年全国马铃薯空间分布。1995年的《中国农村统计年鉴》统计数据显示，个别省份种植面积太小或者统计原因导致数据缺失，共有北京、天津、上海、江苏、江西、河南、广西、海南等9个省级区域，其他地区马铃薯种植面积共计320.77万公顷，马铃薯平均面积为15.274 76万公顷。

由数据分析易知，1994年我国马铃薯的主产区在我国第二阶梯上，呈现显著的较高海拔地理集中现象。种植面积最大的为四川省，总面积为55.51万公顷，居于第二梯队的为甘肃、内蒙古、云南、贵州、陕西、黑龙江、陕西和湖北8省（区），而中东部地区种植面积普遍较小，由于土地资源的稀缺性，农业生产的比较优势选择形成了明显的分区，中东部地区更倾向于小麦、水稻等高产出效率的粮食作物及各种经济作物的种植。

从单产面积来看，分布比较随机，东、中、西部及海拔高低的影响并不显著。产量最高的为山东和新疆两省（区），分别为5 683.4千克/公顷和4 826.3千克/公顷，不过这两个地区的种植面积都比较小，分别为4.26万公顷和1.04万公顷，产量的典型性不够突出。青海、四川、黑龙江、安徽和广东的单产居于第二位，且大部分地区种植面积都非常大，四川的种植面积是位居全国第一位的，因此这类地区的产量代表性较好，表明较高海拔地区是适合马铃薯生长且产量较高的区域。

（2）2018年全国马铃薯种植格局空间分布。与1994年相比，2018年全国马铃薯种植区域有明显变化。江西、西藏、广西及海南4地种植面积有了较大提高，而山东大幅减少。全国总种植面积为490.220万公顷，24年增加了52.83%，各省（区）平均种植面积为22.282万公顷，比1994年增加了7.007万公顷，区域标准差降低了0.083，说明马铃薯种植在面积上呈现迅速发展的态势，空间分布在一定程度上趋向均衡。

总体来看，2018年的种植格局与1994年相比并未发生明显变化，仍是内蒙古、甘肃、贵州、四川及云南分列前五名，种植总面积占了全国面积的58.65%。其余省份仅占了40%多，其中以重庆、黑龙江、陕西、宁夏及湖北为第二梯队，其他各省份面积较少。马铃薯播种的地理分布呈现低海拔和极高海拔种植面积很少，而中、高海拔地区为主要种植区的格局。东部种植少的原因有两个，一是降水多、温度高的气候环境不利于马铃薯块茎的成长，且容易导致其发生病变；二是东部各省更倾向于种植比较收益更高的作物，山东省种植面积减少显著，作为全国闻名的蔬菜生产基地，更多的土地从粮食作物转向了经济作物的种植。

在土地等自然环境既定的条件下，粮食产量的提高主要靠技术进步，20世纪80年代以来，我国高度重视马铃薯技术的研发问题，在种质资源保存利用、新品种选育、栽培技术、种薯繁育、病虫害防治技术等方面都取得了很大突破，特别是脱毒薯种的技术突破，大大提高了马铃薯的抗病能力，使单产不断提高，全国各地平均产量从1994年的2 997.805千克/公顷提高到了2018年的4 293.75千克/公顷。2018年马铃薯单产面积的格局基本呈现由东向西逐步递减的现象，东部的安徽、辽宁、吉林及黑龙江等省份处于最高水平，主产区如内蒙古、甘肃及云贵地区产量仅处于第三梯队，而从种植条件方面来讲，这些地区是最适宜马铃薯生长的区域，可见还存在较大的增产空间。

（3）马铃薯产业发展速度。发展水平是由基期水平和发展速度共同作用的结果，对发展速度的研判有助于对研究对象发展趋势的把握。

测算结果显示，发展最快的区域是西部地区，新疆因为基期种植面积较小而速度居于第一，传统的主产区内蒙古、甘肃及云贵地区发展速度都位居前列，基期的高水平在高发展速度的推动下，使马铃薯的种植优势区域更加集中，从区域分工和特色化、专业化生产的角度来看，这最终将有利于全国层面的种植业地理格局的优化，集中分布更易形成规模化、专业化的生产基地和交易市场，也有利于农业技术的区域研发与扩散。单产发展速度的情况与此有较大差别，中东部的发展速度较西部更快，说明农业技术的应用在中东部更广、更有实效，西部虽然自然地理条件适宜马铃薯的种植，但是受经济发展水平、交通区位条件、农民科学文化素质等方面的影响，农业技术的扩散效果远不及中东部地区。但是例外的是，甘肃的单产发展速度在西部地区还是非常高的，处于全国的第二梯队，表明其在马铃薯技术的推广和应用方面处于西部领先地位。

5.2.2　甘肃省马铃薯种植空间格局演变

由以上分析可知，20余年以来甘肃省一直是我国传统的马铃薯种植大省。1994年种植面积为30.79万公顷，仅次于四川和贵州两省，居全国第三位，2018年种植面积扩大到57.073万公顷，仅次于内蒙古，居全国第二位，占全国的比重也不断提高，由1994年的9.59%提高到2018年的11.46%。单产提高也很显著，由1994年的2 004.6千克/公顷提高到2018年的3 780.09千克/公顷。从种植面积的发展速度来看，也是位于全国前列的，表明不仅绝对种植面积有很大优势，相对的发展前景也非常可观。从产量方面来看，虽然发展速度还比较靠前，但是绝对数量与国内高水平区域差距还很大，与世界发达地区的差距就更大。另外一个突出问题是疾病预防的问题，对马铃薯的主产区来讲，挑战最大的是重茬问题，重茬易致疾病的发生，如近几年甘肃各地经常出现的晚疫病，防治不好就会出现大面积、大比例减产，给当地农民带来极大损失。因此，研究农户对现代马铃薯技术的采用情况并提出相应对策意义显著。

为进一步了解甘肃省种植的区域分布，确定合适的研究区域，利用

1999—2019 年的《甘肃统计年鉴》[188]相关数据，以县级行政区为基本研究单元，通过种植面积变化测度省内的种植格局演变。

从甘肃省 1998 年和 2018 马铃薯种植面积格局，由五级分类易知，20 余年以来甘肃省马铃薯种植的优势区并未发生根本改变，主要位于陇中地区的定西市辖区及其周边县域。1998 年第一等级的县域为安定区、临洮县、渭源县、岷县和通渭县，均为定西市所辖区县。2018 年的第一等级稍有变化，岷县和渭源县降为第二等级，同为定西市的陇西县和兰州市的会宁县升至第一等级。与 1998 年相比，2018 年第二等级的主要变化是区域的拓展，1998 年第二等级县域主要集中在定西市周边，特别是南边的陇南市所辖礼县、西和县以及东边天水市所辖的甘谷县、秦安县等，2018 年西部张掖市的民乐县、山丹县和东部庆阳市的环县种植面积也有了较大提高，进入第二等级。但总的来讲，甘肃省的优势种植区域还是呈现以中部定西市为主，农业科技园周边县域优势度进一步提升，其他区域呈现距离越远优势越弱的格局。

5.2.3 甘肃中部马铃薯种植的地理优势

受地理环境、农业生产习惯等因素影响，甘肃省内也形成了以中部干旱区和高寒阴湿区为主，陇西河西走廊和陇南南部山区为辅的三大优势区域。从种植类型上来看，中部主要以高产淀粉型和菜用型为主，河西以专用型加工类马铃薯为主，陇南以早熟菜用型为主。现结合马铃薯的适宜生长环境，以被誉为“全世界种植马铃薯最适合的地区之一”的定西市为例，分析其适宜马铃薯种植的独特地理环境优势。

(1) 适宜的地形和气候条件。定西处于东经 103°52′—105°13′，北纬 34°26′—35°35′之间，位于西秦岭末端，属于黄土高原的西部边缘区，地势呈现西高东低的走势，海拔在 1 420～3 941 米。渭河把整个市域分为南北不同的地貌类型，北部属于黄土高原丘陵沟壑区，包括安定区、通渭和陇西两县以及渭源县的北部，气候属于中温带半干旱类型，降水虽然不多，但是日照时间较长，昼夜温差很大；南部区域包括岷县、漳县和渭源县的南部，气候属于中温带半湿润类，特征为高寒阴湿。两种气候类型都非常适合马铃薯的生长习性。这种格局导致境内从南到北形成了河谷灌溉、高寒阴湿、半干旱二阴、半干旱和干旱五类区域。干旱半干旱区域主要分布在渭河以北，海拔在 1 800～2 000 米之间，年平均气温在 5.7～7.7℃，年日照时数为 2 240～2 500 小时，昼夜温差很大，年降水量在 400～600 毫米之间，降水量偏少且分布很不均匀，易导致春旱和初夏的干旱，但第一场透雨一般在马铃薯播种出苗期，而丰水期主要集中在 7～9 月，更是与马铃薯块茎生产的周期吻合。这既有利于防止疾病蔓延，又可以延缓品种老化，因而此区域是优质高淀粉马铃薯的理想种植区。海拔2 000～2 200米的半干旱二阴山区气候冷凉，优质淀粉和菜用薯种都适合。海拔2 200～2 600米高寒阴湿区，气候冷凉且降雨较多，疾病较少，非常适合马铃薯品种的繁殖及脱毒原种的培育，同时高水分也适合菜用马铃薯的生长。海拔1 900米以下的河灌和井灌地区，是水、热条件较好且土壤富含有机质的区域，适宜发展高效农业，可以种植比较收益较高的早熟菜用和加工型马铃薯品种。由以上分析可见，虽然定西地区地理环境和气候条件复杂多样，在一个小区域中就布局了不同类型的气候条件，但是综合条件都适宜马铃薯的生长。最终形成了以中部干旱、半干旱区的优质淀粉马铃薯生产为主，其他不同小气候区域适用其他马铃薯种类生产的区域格局。

（2）充足适宜的耕地资源。定西市总面积约2.03万平方公里，2019年底总人口282.58万人，其中乡村人口179.79万人，占总人口的63.62%，耕地面积52.5万公顷，人均0.2公顷。从人均拥有耕地数量上看，耕地资源丰富，具有做大马铃薯产业的土地优势。从土壤成分上看也很适合马铃薯的生长要求，境内土壤以黑垆土、黄绵土、灰钙土、灰褐土和高山草甸土等类型为主，大多土层较厚，土质比较疏松，通气性和透水性都比较好。pH在7～8，土壤中钾元素的含量非常高，有机质较丰富，高寒阴湿区有机质含量在1.5%～3%，土壤肥沃，马铃薯的单产较高，中部干旱区的有机质在1%～1.5%，对马铃薯块茎的膨大非常有利，所以此区域为优质淀粉马铃薯主产区。另外，拥有众多梯田而不易存水，增加渗透力也对马铃薯的种植非常有利。从农业生产的自然环境来看，由于西部工业相对落后，工业“三废”污染较少，特别是在定西地区，农业主产区几乎不存在工业污染。由于长期以来本地的农业生产方式还是较为传统的耕作方式，与中东部的“化工农业”相比也具有土壤、水分、大气污染较小的优势，非常有利于绿色和有机马铃薯的生产。

5.3 技术类型与调研区域

5.3.1 马铃薯种植技术及选择

随着马铃薯种植规模的扩大和技术研发水平的不断提高，马铃薯种植也形成了一整套技术体系，具体包括：①深耕整地。马铃薯是以地下块茎为收获产品的农作物，要实现高产目标，就要为块茎的生长创造良好的土壤环境。②肥料准备。马铃薯对肥料要求较高，尤其偏爱有机肥。因为有机肥不仅可以提供马铃薯生产所需的营养，还可以改善土壤物理结构。③选用良种。良种是增产的内因，是高产的关键。选用良种要考虑以下三个原则，结合不同区域、不同种植方式和不同用途进行选种。④播前催芽和切块。催芽有整薯催芽和切块催芽两种方式，切块大小要一致，至少每块上要有一个芽眼。切口离芽眼要近，可刺激早发芽，利于早出苗。⑤适时、科学地播种。适时播种对植株的生长发育非常有利，是取得马铃薯高产的关键环节，要综合考虑低温、终霜日及降水等各种因素选择播种时机。播种方式要考虑是深度、密度和是否采用地膜等。⑥加强田间管理。管理的重点是，前期及时进行中耕除草、追肥及培土等工作，后期注意排水及防治病虫害等。为了研究的针对性和有效性，本书参照满明俊等的分类方法，在上述技术体系中选择了影响马铃薯种植的几种关键技术作为调研对象，分别为公益性技术（深沟高垄技术）、中间性技术（脱毒薯种技术）和商品性技术（地膜、农药及化肥技术）。

5.3.2 调研区域及样本选择

（1）调研区域确定。由于本书主要是针对定西国家农业科技园技术扩散情况的研究，因此调研区域的选择主要考虑两个因素，一是以定西国家农业科技园为中心，按照与其技术联系强弱确定不同的辐射圈层，进而在主要辐射圈层中选择调研区域，技术联系强度的确定依据为主要技术的扩散强度及园区农业企业（农业合作社）等组织通过基地、技术培训班、收购协议等方式进行合作的频次与比率；二是马铃薯种植面积大小，尽量选择马铃薯优势产区。根据上文对甘肃省内县级单元马铃薯种植面积格局演变分析可见，近 10 年间基本上呈现以定西市所辖区县为一级产区，周边县域为二级产区，再往外的圈层为三级圈层的空间格局。定西国家农业科技园管委会、定西市农业局马铃薯办公室和定西市旱作农业中心提供的基本数据也表明，安定、临洮、通渭等县（区）为其技术和产业联系的主要区域，技术扩散圈层与马铃薯种植面积的圈层基本吻合。因此，综合以上两者，确定研究的案例区为定西、兰州及天水三市的 8 个县（区），其中安定区、临洮县、陇西县和通渭县为一级辐射区，榆中县、渭源县、甘谷县和静宁县为二级辐射区。

（2）调研样本确定。采取划类选典与随机抽样相结合的方式进行，首先根据每个县（区）农业局提供的马铃薯种植数据，将所有乡镇分为优势种植镇和普通种植镇，然后在两类中各随机抽取一个优势种植镇和一个普通种植镇，共获得 16 个样本乡镇，然后在每个乡镇中随机抽取 2 个行政村作为调研样本村，这样就形成了兼顾两级辐射区和两类种植等级，包含 8 个县（区）、16 个乡镇和 32 个行政村的调研区域，样本村分布如表 5－1 所示。

表 5-1 调研样本分布

市	县（区）	镇（乡）	村	问卷一样本数（份）	问卷二样本数（份）
定西市	安定区	凤翔镇	景家口村	25	25
		凤翔镇	史家沟村		25
		高峰乡	麻地湾村		25
		高峰乡	葛家寨村	25	25
定西市	临洮县	上营乡	庙沟村	25	25
		上营乡	邓昌村		25
		连儿湾乡	大红沟村	25	25
		连儿湾乡	王西湾村		25
定西市	陇西县	首阳镇	首阳村	25	25
		首阳镇	董家堡村		25
		和平乡	车场村	25	25
		和平乡	云川村		25
定西市	通渭县	马营镇	陈坪村		25
		马营镇	油坊村	25	25
		义岗川镇	悠江村		25
		义岗川镇	庄下湾村		25
定西市	渭源县	会川镇	韩家庄村	25	25
		会川镇	本庙村		25
		五竹镇	五竹村		25
		五竹镇	郭家坪村	25	25
兰州市	榆中县	甘草店镇	东村		25
		甘草店镇	蔡家沟村	25	25
		龙泉乡	水泉湾村		25
		龙泉乡	张家山村	25	25
天水市	甘谷县	新兴镇	永安村		25
		新兴镇	魏家村	25	25
		金山乡	水家岔村	25	25
		金山乡	安树湾村		25
天水市	静宁县	细巷乡	寨子口村		25
		细巷乡	郑家河村	25	25
		李店乡	石庙湾村		25
		李店乡	杜家滩村		25

注：问卷一为《农户技术感知调研问卷》，问卷二为《农业科技园区技术扩散的采用行为研究—农户分问卷》。

（3）调研安排。本书数据获取主要包括三个阶段，第一阶段项目组部分人员于 2012 年 10 月中旬进行了第一次调研。此次调研主要以相关组织访谈和二手数据获取为主，主要走访了定西市国家农业科技园管委会、定西市科技局、定西市农业局马铃薯办公室、定西市旱作农业科研推广中心、定西市工信委信息统计科、榆中（甘谷、静宁等）县农业局、定西师专生化系等政府部门和科研机构，获得了大量关于定西国家农业科技园及其辐射区马铃薯生产的基本资料。并到甘肃爱兰马铃薯种业有限公司、定西市凯凯薯业公司、定西市喜农马铃薯专业合作社等企业及其基地进行了实地考察与座谈，初步了解了定西市马铃薯生产组织及农户种植的基本情况。此后，项目组设计了两套调研问卷，问卷一、问卷二分别为《农户技术感知调研问卷》和《农业科技园区技术扩散的采用行为研究—农户分问卷》，并于 2013 年 3 月和 7 月在案例区开展过两次为期 30 余天的深入调研。第三阶段的调研为 2016 年 10 月进行的补充调研。由于打工经济的兴起，目前留守农村从事农业生产的大部分是中老年人和妇女，他们平时较少接触文字信息，自填问卷有较大难度，因此大部分问卷调研都是以当面访谈的形式，记录员根据被访者的回答进行的问卷填写，每份问卷完成时间大约在 1 小时。

6　农户技术感知及其对采用倾向的影响

行为地理研究表明，人的行为是受到内心动机支配的，内心的认知是行为决策的前提条件。消费者行为理论也指出，消费者的购买决策深受感知价值大小的影响，消费者在做出购买决策前，要不断地在成本、收益及风险等方面进行权衡和比较，最终选择比较收益较大的方案。农户对农业技术的采用，从根本上来讲，是一种技术消费，事关农作物产出、经济收入甚至家庭生计的消费决策，是其比较慎重的选择之一。Rogers 认为技术认知是决策的第一步，即技术认知与评价等隐性的心理活动是影响农户技术选择的首要因素。因此，测度农户农业技术感知及其对采用决策的影响理应成为农户技术采用行为研究的首要内容。本章以第四章建立的农户技术感知及采用倾向研究框架为基础，引入技术感知价值和技术采用倾向两个内生潜变量，技术收益感知、技术成本感知、技术风险感知和健康风险感知四个外生潜变量，通过构建多维可测变量对各个潜变量进行测度，并运用结构方程模型验证各个潜变量之间的关系，最终得到农户技术感知对技术采用倾向影响的模型并做出解释。

6.1　数据来源与分析

6.1.1　数据来源

（1）量表设计。从感知价值的角度研究消费者的决策问题已经成为国内外消费者行为学研究的热点问题，研究的对象多集中在贵重物品消费、网上购物消费或者是服务业的消费领域，贵重物品消费的决策一般比较慎重，心理过程较为复杂，因而感知价值研究意义较为显著；网上购物是在虚拟环境中进行的交易，服务业的消费本身是一种非实物消费，消费的主要是体验和感觉，因此感知价值也成为网购和服务业领域消费者行为研究的重点。农业技术采用是兼具实物和服务的消费，但其实物消费是一种生产资料投入而非日用品消费，消费的效果不是即时的，效果的检验要等到农作物收获之后，因此其购买决策主要靠农户的主观认知。但由于研究的“城市”倾向，对农户决策感知研究的较少，特别是关于农业技术决策的研究就更少。在参考其他领域类似研究成果的基础上，先根据前期的半结构化访谈和深入访谈设计了初步的测量量表，然后在定西市安定区进行了 100 份问卷预调查。根据调查中和与农户沟通中发现的问题，结合信度和效度检验初步检验结果，剔除了个别变量，增加了更符合实际情况的变量，并对所有变量的语义表达进行了有针对性地修正，最终形成了包括 6 个潜变量，24 个测量变量的农户技术感知价值及对采用倾向影响的调查问卷。6 个潜变量分别为技术收益感知、技术成本感知、技术风险感知、健康风险感知、技术感知价值和技术采用倾向，每个潜变量的测量变量的分布区间为 3～6 个。除了被访者的属性特征（个体、社会等）变量外，24 个测量指标均采用李克特的 5 级表示法，被访者按照对变量表述意思的态度进行打分，“强烈反对”“反对”“一般”“认同”“极度认同”分别赋值为 1～5 分。

（2）数据搜集。本章数据来自调研问卷为《农户技术感知调研问卷》，具体调研区域及方式等详见第五章。

6.1.2 数据分析

（1）样本特征统计分析。本次农户农业技术感知调研问卷共发放了 350 份，为保障问卷的质量，对回收的 339 份问卷进行了严格地可靠性检验，剔除答卷不完整的，答案不符合正常逻辑以及自相矛盾的问卷，共获得有效问卷 307 份。半访谈式的调研方式保障了较高的问卷回收率，但囿于案例区农村居民文化水平普遍较低，特别是目前农村留守从事农业生产的农民的文化水平限制，问卷的有效回收率不高，仅为 87.71%。从主要个体属性来看，307 个样本在性别、年龄和学历等方面分布都很不均匀。性别方面，男性共 263 人，占 85.67%；女性共 44 人，占 14.33%。造成这种不平衡的原因一方面是，男性在农业生产过程中，特别是农业技术采用方面往往是主要的决策者，因此其对农业技术采用的相关情况掌握更多些。另外一个方面是由于目前留守农村从事农业生产的女性多为中老年妇女，她们的文化水平、社交能力较弱，因此接受采访的也多为家中男性。年龄方面来看，40 岁以上的占 82.8%；30 岁以下的仅有 5 人，占总数的 1.56%；30～40 岁的有 47 人，占 15.6%。结合当地的访谈情况来看，这个数字基本反映了案例区目前从事农业生产的农村群体的年龄结构情况，留守农村从事农业生产的大多为 40 岁以上的人，而且在 40～50 岁的群体中还有相当一部分为“两栖”劳动力，即过着“农忙种地，农闲打工”的生活。50 岁以上的占 40.6%，而其中 60 岁以上的老人也不在少数，甚至在个别村落成为种地的主力军。学历构成方面，主要分布在小学和初中两个层次上，分别有 115 人和 120 人，占总数的 37.5%和 39%；不识字的有 24

人，占7.81%；高中和大专以上的分别为38人和10人，占总数的12.5%和3.1%。以上数据显示的学历结构也基本反映了案例区农业劳动力特别是农业技术决策者的学历情况。从以上年龄的构成分析可知，目前的农村劳动力多为20世纪60年代以来的人，这个群体即便是在农村也大都接受过一定的基础教育。因此调研结果显示，文盲的比率仅占7.81%，但是高学历的人也比较少，高中以上学历的只有15.6%。走访中了解到的情况是，40岁以上具有高中学历的人大部分都脱离了农业生产，供职于事业单位或自己经商而迁居城镇，具有高中学历的年轻人，少部分通过考取大学深造而离开农村，其他的大部分都选择进城打工并脱离了农业生产，自家田地由父母、亲戚耕种，或以较低的价格出租给其他村民，故案例区目前农村劳动力的学历水平以小学和初中为主。

（2）研究变量分析。对307份有效问卷中的24个可测变量进行统计，测算出其得分均值，以此为基础计算出6个潜变量的均值，具体数值如表6-1所示。

表6-1　研究变量描述性统计分析

变量	测量代码	测量项目	项目均值	变量均值
感知利益	PB01	良种技术有利于提高粮食单产	3.765	3.412
	PB02	耕作新技术有利于提高粮食单产	3.208	
	PB03	生长期管理技术有利于提高粮食单产	3.116	
	PB04	病虫害防治技术能有效防治病虫，保证粮食产量	3.899	
	PB05	农业机械化技术有利于节约劳动力	4.112	
	PB06	率先采用新型农业技术有利于我在村里树立威信	2.371	
感知成本	PC01	大部分新型农业技术的价格偏高	3.038	2.942
	PC02	大部分新型农业技术的价格很难接受	2.779	
	PC03	有些新农业技术我觉得很难掌握	3.294	
	PC04	辨别最有效的农业技术很困难的事	3.337	
	PC05	有些农业技术占用很多时间	2.265	
感知价值	PV01	我认为采用新农业技术是值得的	3.896	3.766
	PV02	我认为采用新农业技术的决策是对的	3.552	
	PV03	我认为采用新农业技术有利于提高家庭农业收入	3.849	
技术风险	TR01	很多新品种产量和市场销路很难达到宣传的水平	3.774	3.426
	TR02	很多农药对病虫害的防治效果不明显	3.618	
	TR03	化肥、农药等化学品投入过量会导致土壤污染	2.885	

（续）

变量	测量代码	测量项目	项目均值	变量均值
健康风险	HR01	有些农药的施用过程中会对自身健康有影响	2.753	2.938
	HR02	过量的农药使用影响自家粮食食用的安全	3.174	
	HR03	过量使用农药影响消费者的粮食安全	2.887	
采用意愿	UW01	我会率先使用新型农业技术	3.339	3.735
	UW02	我会重复使用效果还可以的新型农业技术	3.872	
	UW03	如果涨价，还会继续使用新型农业技术	3.735	
	UW04	我会向亲朋好友推荐效果好的新型农业技术	3.992	

注：PB 为 perception of benefit 的缩写，PC 为 perception of cost 的缩写，PV 为 perception of value 缩写，TR 为 perception of technology risk 的缩写，HR 为 perception of healthy risk 的缩写，UW 为 using willingness 的缩写。

①潜变量分析。由上表易知，6 个潜变量的得分均值显著的分成三个等级，感知价值和采用意愿得分分别为 3.766 和 3.735，表明相比较于技术采用成本和风险等方面的感知来讲，被调研农户对农业技术的认可度还是比较高的，总体上呈现出积极的农业技术认知和采用倾向。感知利益和技术风险的得分比较相近，感知利益的均值为 3.412，稍低于感知价值和采用意愿的得分，数据显示感知利益与感知总价值和采用倾向至少存在数量上的对应关系。技术感知风险的均值为 3.426，比感知利益的得分还要高，这是很值得重视的问题，表明案例区农户在对农业技术有较高认可度的同时，对技术的风险性也有很大的担忧。在访谈中也不断得到印证，不少农户都曾被假种子、假农药等坑害过，导致个别年份的农业收益甚至没有当年的投入高。感知成本和健康风险感知的得分比较接近，分别为 2.942 和 2.938，与感知价值的 3.766 相比，很显然感知成本要低得多，说明从总体上来讲，农户对农业技术采用的收益有较大的认可度。健康感知风险得分是 6 个变量中最低的，说明农户对农业技术使用过程中与使用后可能给农户自身及农产品带来的质量安全问题认识不够。在实际中表现为，农户在采用施用农药等可能对身体有害的农业技术时，采取的保护措施很少或基本没有，在做出农业技术决策时，技术可能带来的农产品质量安全问题是较少考虑的因素。

②可测变量与潜变量关系分析。感知利益的得分均值为 3.412，测量项目得分从高到低分别为 PB05、PB04、PB01、PB02、PB03、PB06，排名前三位

的是“农业机械化技术有利于节约劳动力”“病虫害防治技术能有效防治病虫，保证粮食产量”和“良种技术有利于提高粮食单产”。表明农户对农业机械化能大幅提高劳动生产率的认可度非常高，也反映了目前由于大量劳动力外流而导致农业有效劳动力供给紧张的现状；由于品种老化、“重茬”及农业生态环境的变化等原因，病虫害日益成为影响马铃薯生产的头号威胁。因此，农户对病虫害防治技术的收益认可度非常高；除了以上两个影响农业生产率的两个外在因素，新品种的研发成为推动马铃薯单产提升的主要因素，特别是定西市“爱兰”“凯凯”等种业公司研发的脱毒薯种，大幅度提升了当地马铃薯的产量，并销往全国主要马铃薯种植区。耕作技术、马铃薯生长期管理技术的利益感知得分较低，而新技术采用而产生的社会身份认同得分最低，说明农户对采用新技术效应的社会维度关注较少。

感知成本的得分均值为 2.942，测量项目得分大小排序为：PC04、PC03、PC01、PC02、PC05，排名前三的为：“辨别最有效的农业技术很困难的事”“有些新农业技术我觉得很难掌握”“大部分新型农业技术的价格偏高”。表明对案例区的农户来讲，鉴别农业技术的真假及有效性的大小是非常困难的事，反映出目前农业技术市场上存在严重的信息不对称及宣传失真等现象，以致农户很难在琳琅满目的技术市场中做出最优选择；农业技术的施用细节往往会影响使用效果，但现实中农户在使用新推出的农业技术往往难以掌握其施用技巧，从而难以充分发挥农业技术的功效，因此技术掌握的难易程度成为农户技术成本感知的第二大影响因子；随着商品性农业技术研发的推进和市场化程度的提高，部分农业技术的价格不断提升，加之预期收益的不确定性，致使农户对价格因素也较为敏感。“价格很难接受”和“占用很多劳动时间”排在后两位，说明农业技术的价格还没有达到严重影响农户采用决策的水平，而技术占用时间对大多数农户来讲影响有限。

感知价值的得分均值为 3.766，是六个研究变量中得分最高的一个，表明大多数农户对农业技术的价值认可度是非常高的。三个测量变量得分均高于 3.5 分，得分比较集中，也进一步说明了对感知价值评价的一致性。

技术风险的得分均值为 3.426，三个测量变量的得分排序为 PTR01、PTR02、PTR03，分别为“很多新品种的产量和市场销路很难达到宣传的水平”“很多农药对病虫害的防治效果不明显”“化肥、农药等化学品投入过量会导致土壤污染”，前两个测量指标得分在 3.6 以上，第三个只有 2.885 分，说明农户对技术风险的感知较显著，但主要集中在农产品的产量及销路方面，而对农业技术可能带来的土地和环境污染问题感知则较弱。

技术的健康风险感知得分均值为 2.938，为得分最低的一个，表明农户对技术采用的健康风险感知较弱，而在三个测量变量中，HR02“过量的农药使用影响自家粮食食用的安全”的得分最高为 3.174，说明农户对自家食用马铃薯的健康关注比较高，但对消费者的食用安全和技术施用过程中的健康风险感知度较低。

采用意愿的得分均值为 3.735，仅次于感知价值的得分，UW02、UW03、UW04 得分均高于 3.7 分，表明样本农户对使用效果较好的马铃薯技术已形成显著的购买忠诚度，在重复使用、溢价购买和口碑宣传等方面的感知都比较高，只是 UW01“我会率先使用新型农业技术”的得分相对较低为 3.339，表明被调研农户对新推出的农业技术采用比较慎重，不倾向于做技术的率先采用者。

6.2 结构方程模型验证与分析

在以上数据分析的基础上，本部分采用探索性因子分析、验证性因子分析、结构方程模型等方法对农户技术感知影响技术采用倾向的假设进行验证分析，所用软件为 SPSS 20.0、Lisrel 8.7 和 AMOS 18.0 等。

6.2.1 信度和效度分析

本书的农业技术感知与采用倾向的模型是在相关感知影响行为的理论基础上，根据实地调研情况，结合农户农业技术认知的相关维度建立的，其有效性有待进一步检验。而其有效性是直接决定了模型本身以及后面的假设检验的正确与否。因此首先要对样本数据进行信度和效度检验。

信度是指问卷数据的可靠性，及数据本身的一致性和逻辑性问题，即大样本的数据下能否保证相关变量关系的一致性和稳定性。一般采用 Cronbachα 系数来表示，但并未形成统一的判定标准，一般认为量表的信度达到 0.9 以上，是非常好，0.8 以上为很好，0.7 以上为较好，0.5 为可接受的信度下限水平。效度是指量表设计能有效地测量测度问题的程度，可分为内容效度和构建效度两种，内容效度指问题设计的正确与否，与主题的契合程度，建构效度是指量表能否真正测量出所有测度的潜变量，一般采用因子分析来进行检验。

采用 SPSS 20.0 对样本数据进行信度和效度检验，结果表明，量表整体的 Cronbachα 系数为 0.896，各潜变量的 Cronbachα 系数如表 6－2 所示：

表 6－2　研究变量 Cronbachα 值

变量	测量指标数目	Cronbachα
感知利益	6	0.847
感知成本	5	0.793
感知价值	3	0.892
技术风险	3	0.785
健康风险	3	0.813
采用意愿	4	0.921

由以上数据可知，量表整体以及各潜变量的 Cronbachα 系数均在 0.7 以上，远超 0.5 的最低信度水平值，说明问卷具有较高的内部一致性，信度较好。KMO 系数为 0.837，样本分布的 Bartlett 球形检验卡方值 1384.6，自由度为 249，显著性水平为 0.000，效度水平也较高。

6.2.2　验证性因子分析

为保证结构方程模型分析数据的有效性，先运用 Lisrel8.7 进行验证性因子分析。结构方程模型包括测量模型和结构模型两部分，测量模型测度的是各测量因子对相应潜变量的解释程度，其相关关系成为因子载荷，按照吴明隆等人的研究成果，只有大于 0.5 的因子载荷才具有解释的合理性，删除因子载荷在 0.5 以下的测量变量，包括感知利益的“率先采用新型农业技术有利于我在村里树立威信”、感知成本的“有些农业技术占用很多时间”、采用意愿的“我会率先使用新型农业技术”，它们的因子载荷分别为 0.374、0.419、0.446，调整后的量表 Cronbachα 系数提高到了 0.912，三个调整潜变量的系数也都有了一定程度的提高，最终的结构方程模型测量指标由 24 个减少到了 21 个。

6.2.3　模型估计与评价

按照图 4－1 的假设，将感知成本、感知利益、技术风险和健康风险作为外生潜变量，感知价值和采用意愿作为内生潜变量，运用 Lisrel8.7 进行结构方程模型检验，输出全模型 M1 如图 6－1 所示。

从以上估计结果可见，各测量指标在对应潜变量的因子载荷方面都达到了 0.5～0.95 区间的要求，21 个可测变量中，只有 3 个的因子载荷在 0.6 以下，为了保证感知变量特别是“技术风险”和“健康风险”的测量变量的个数，保留了这 3 个测量变量。在结构模型的路径系数方面，整体的拟合程度较好，

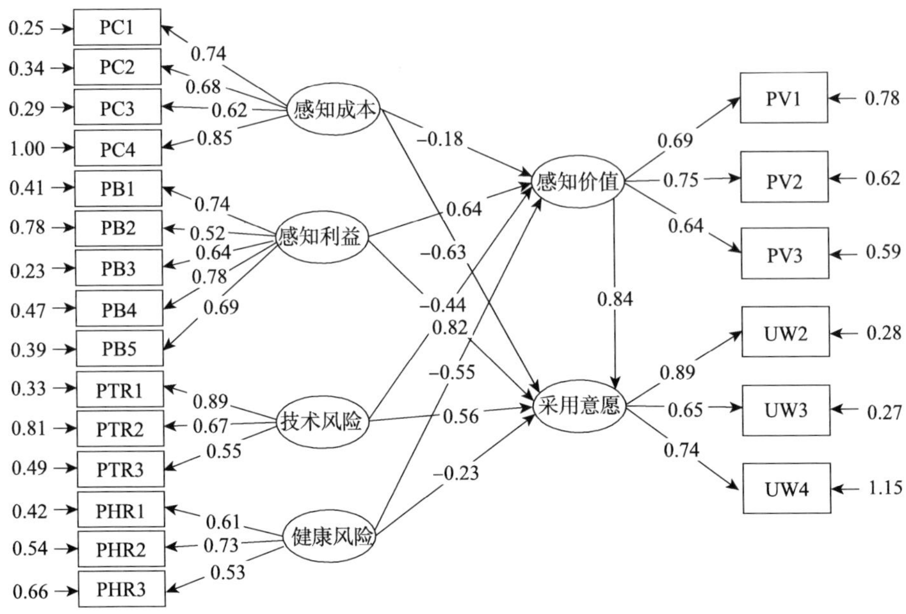

图 6－1　农业技术采用意愿影响因素分析初始结构模型

9 条路径系数中有 5 条的绝对值都超过了 0.5，T 值绝对值超过了 1.96，说明通过了假设检验。结构模型有效度检验的相关拟合指数如表 6－3 所示。

表 6－3　测量模型的拟合优度分析

	绝对拟合度			简约拟合度		增值拟合度		
指标	χ^2/df	GFI	RMSEA	PNEI	PGFI	NFI	TLI	CFI
拟合值	2.348	0.904	0.076	0.74	0.683	0.863	0.882	0.905
评价标准	<3	>0.9	<0.08	>0.5	>0.5	>0.9	>0.9	>0.9
判断	良好	良好	良好	良好	良好	尚可	尚可	良好

吴明隆等（2010）认为绝对拟合值、增值拟合值和简约拟合值是检验结构方程模型的主要三类指标。绝对拟合值是评估提出的模型与数据的拟合程度。χ^2/df 一般认为受样本数大小影响较大，本模型得分为 2.348，小于上限 3，为良好水平。GFI 为拟合度指数，大于 0.9 说明设计的路径图与调研数据有很好的拟合度，本模型也达到了良好水平。RMSEA 为渐进残差均方和平方根，该值越小，说明模型越理想，一般认为在 0.05～0.08 之间为良好水平。简约拟合度的容忍下限为 0.5，增值拟合度为 0.9，从表 4 可知，初始模型这两个方

面的各个指标也均达到了良好或者至少是可以接受的水平。

6.2.4　模型修正

模型的修正有两个基本原则，MI值最大或者 T 值最小。MI值较显著是指某些测量指标归属的调整可以增加模型的拟合优度，Bagozzi 和 Y（1988）指出，MI大于3.84就有修正的必要，但邱浩政（2005）则认为至少大于5才应当进行修正。但是即便修正指数很大，也要考虑理论上的支持水平，即该测量指标调整后是否具备理论或者实践上的有效性，不能仅凭数据上的逻辑关系就进行调整。T 值（绝对值）最小修正主要是对路径系数的判定，小于1.96表明路径假设没有通过显著性检验，即数据不支持这条假设，应当予以删除。表6-4的初始模型检验结果表明，本模型的大部分检验指标都达到了良好的水平，而且MI值也都较小，因此仅对未通过检验的路径系数进行删除，从 T 值（绝对值）最小路径开始，对假设3、假设8、假设5依次进行了删除并重新生成程序运行，最终形成了图6-2的最终全模型。

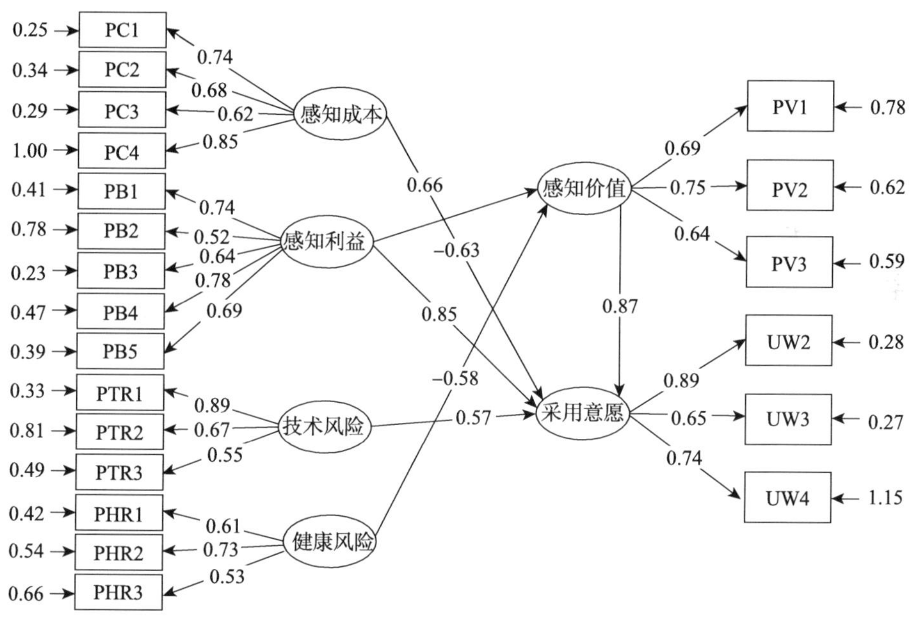

图6-2　修正后的农业技术采用意愿影响因素分析结构模型

修正后的模型保留了6条有效路径系数，图6-3为最终的结构模型图，全模型的拟合优度各项指标都有了一定程度的提高，结果如表6-4所示：

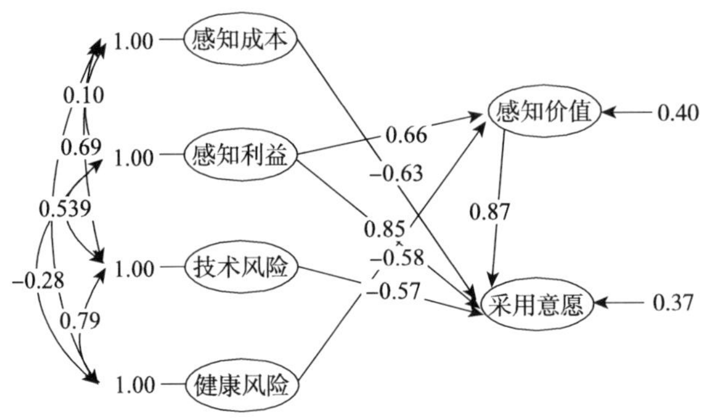

图 6-3　修正后的全模型

表 6-4　模型修正前后拟合优度对比分析

	绝对拟合度			简约拟合度		增值拟合度		
指标	χ^2/df	GFI	RMSEA	PNEI	PGFI	NFI	TLI	CFI
调整前	2.348	0.904	0.076	0.74	0.683	0.863	0.882	0.905
调整后	2.309	0.915	0.055	0.82	0.625	0.918	0.921	0.927
评价标准	<3	>0.9	<0.08	>0.5	>0.5	>0.9	>0.9	>0.9
判断	良好	良好	良好	良好	良好	良好	良好	良好

从修正前后的拟合指数来看，除 PGFI 值稍有下降外，大部分指标都有了一定程度的优化，表明路径修正后的模型解释力进一步增强。

6.2.5　模型结果与总效应分析

将图 6-3 的路径系数结果进行汇总，得到表 6-5 的路径系数结果。假设1、假设 2、假设 4、假设 6、假设 7、假设 9 通过了检验，其中 H9 最显著，即感知价值对采用意愿的影响最显著，路径系数为 0.87（$p<0.01$）；其次为 H2，路径系数为 0.85（$p<0.01$），表明感知利益对采用意愿的影响也很显著，农户倾向于采用感知收益大的农业技术；另外，感知利益对感知价值的影响也很显著，路径系数为 0.66（$p<0.05$）；对采用意愿有较为显著的负向影响的为感知成本和技术风险，路径系数分别为－0.63（$p<0.05$）和－0.57（$p<0.05$），技术风险的负向影响较弱，刚刚通过了 T 值检验；健康风险对感知价值的路径系数为－0.58（$p<0.05$），具备一定的负向影响，但是对采用意愿的影响不显著，另外，感知成本与技术风险对感知价值的负向影响也没有通过检验。

表 6-5　模型的标准化路径系数及假设检验结果

研究假设	标准化路径系数	T 值	显著性水平	结论
H1：感知利益→感知价值	0.66	3.39	**	支持
H2：感知利益→采用意愿	0.85	7.04	***	支持
H3：感知成本→感知价值	−0.18	−1.61	—	不支持
H4：感知成本→采用意愿	−0.63	−3.36	**	支持
H5：技术风险→感知价值	−0.44	−1.39	—	不支持
H6：技术风险→采用意愿	−0.57	−2.15	**	支持
H7：健康风险→感知价值	−0.58	−2.09	**	支持
H8：健康风险→采用意愿	−0.23	−1.77	—	不支持
H9：感知价值→采用意愿	0.87	7.37	***	支持

为了更好地描述各潜变量之间的相关关系，将它们之间的直接效应、间接效应以及总效应进行梳理，处理方法为：直接效应即表 6-5 所示的标准化路径系数，而间接效应即为某两个变量间所经历的所有相关直接路径系数的乘积，如健康风险感知通过感知价值对采用意愿产生了间接效应，其效应为 −0.58×0.87=−0.5046。最终的路径效应结果如表 6-6 所示。

表 6-6　变量间的直接效应、间接效应及总效应

研究假设	直接效应	间接效应	总效应
H1：感知利益→感知价值	0.66	—	0.66
H2：感知利益→采用意愿	0.85	0.57	1.42
H4：感知成本→采用意愿	−0.63	—	−0.63
H6：技术风险→采用意愿	−0.57	—	−0.57
H7：健康风险→感知价值	−0.58	—	−0.58
H8：健康风险→采用意愿	—	0.50	0.50
H9：感知价值→采用意愿	0.87	—	0.87

综合以上分析可知，模型设定的 9 条假设中，有三条路径系数没有通过显著性检验，分别为 H3（感知成本→感知价值）、H5（技术风险→感知价值）和 H8（健康风险→采用意愿）。成本对农户的技术价值感知影响不明显，虽然农户在接受访谈时普遍认为农业技术的价格偏高，但模型验证的结果却表明受技术收益预期的影响，技术价格高并没有影响农户对技术的价值判断；技术风险的得分非常高，样本均值为 3.426，其对农户技术价值感知的判断路径也没有通过验证，表明虽然农户对技术的风险有很大的担忧，但同样没有影响到

农户对技术收益的信心，认为技术风险是可以规避的，至少与技术收益比较存在较大的博弈价值；健康风险对农户技术采用的影响也没有通过验证，其得分均值为2.938，与采用意愿的均值3.735差距较大，表明技术使用过程中对自己身体可能带来的危害，以及技术使用后可能给农产品带来的质量问题并没有影响到农户对技术的采用倾向。

通过验证的6条路径分别为H1（感知利益→感知价值）、H2（感知利益→采用意愿）、H4（感知成本→采用意愿）、H6（技术风险→采用意愿）、H7（健康风险→感知价值）和H9（感知价值→采用意愿）。4个外生潜变量中有2个对感知价值的影响显著，即感知利益和健康风险，路径系数分别为0.66（$p<0.05$）和－0.58（$p<0.05$），感知利益对感知价值的正向影响突出，表明较高的技术预期收益是农户对技术价值判断的主要参考依据；健康风险的认识对农户的技术价值评价有负向的影响，可测变量的因子载荷显示，"过量的农药使用影响自家粮食食用的安全"变量均值为3.174，在3个可测变量中得分最高，这是造成健康风险感知对技术价值负向评价的主要因素。外生潜变量中有3个对农户的技术采用意愿影响显著，分别为感知利益0.85（$p<0.01$）、感知成本－0.63（$p<0.05$）和技术风险－0.57（$p<0.05$），其中感知利益对技术采用的正向影响系数非常高，且在1%的水平上通过了显著性检验，表明农户对某种技术的感知利益越大，采用的可能性就越大。感知成本和技术风险感知对技术采用意愿的影响也较明显，表明农业技术价格的升高和农户对技术收益预期未知性的担忧对农户的技术采用倾向有较强的抑制作用。

6.3 多群组结构方程模型分析

多群组结构方程模型可以考察不同的变量，如被调查对象个人属性特征、所处地形及区位特征等对各条路径的影响，以更准确地了解通过检验的路径系数是否具有条件响应，本部分利用AMOS18.0对模型进行多群组验证分析，结果如表6-7所示。

表6-7　多群组结构方程模型估计结果

路径	性别		年龄		学历	
	男	女	50岁以下	50岁以上	学历低	学历高
H1	0.543**	0.365	0.431	0.208	0.217	0.179**
H2	0.747***	0.183	0.211**	0.186	0.221	0.732*

（续）

路径	性别		年龄		学历	
	男	女	50岁以下	50岁以上	学历低	学历高
H4	0.148	0.192**	0.182	0.207**	0.176	0.465
H6	0.294	0.528**	0.119	0.327*	0.612	0.399**
H7	0.219	0.274	0.328**	0.258	0.428	0.553*
H9	0.028	0.136	0.257	0.345	0.227	0.329
路径	地形		辐射圈层		参加合作社（基地）	
	山地丘陵	川区	一级圈层	一级圈层	是	否
H1	0.325	0.153	0.673*	0.501	0.549*	0.376
H2	0.453	0.217	0.202*	0.013	0.336**	0.058
H4	0.523*	0.374	0.491	0.268	0.349	0.271
H6	0.551**	0.527	0.336	0.418	0.227**	0.575
H7	0.443	0.396**	0.275	0.384	0.376**	0.385
H9	0.548	0.443	0.286	0.315	0.477*	0.384

注：*表示 $p<0.05$，**表示表示 $p<0.01$，***表示 $p<0.001$；鉴于农村劳动力的年龄结构现状，以50岁进行年龄的阶段划分；学历低是指初中以下，学历高是指初中及以上。

由上表易知，在所考察的5个变量条件下，6条路径系数均在不同程度上存在着条件的差异性。

（1）性别、学历、辐射圈层及是否参加合作社（基地）等农户特征在H1上有显著差异，男性显著而女性不显著，这是因为作为家庭农业技术采用主要决策者的男性，对农业技术的效益感知更加深刻且判断力大多优于女性农业从业者，因此其在感知利益感知价值的正向影响路径中呈现显著影响；高学历也表现出较显著的影响特征，表明学历程度可以通过影响农户认知水平以及判断力对H1产生显著影响；处于一级辐射区及参加合作社（基地）的农户影响显著，β值分别为0.673（$p<0.05$）和0.549（$p<0.05$），可见临近农业科技园，或者是参与农业合作组织等机构的农户对农业技术收益的认知更加显著，更能认识到农业技术的总价值。

（2）性别、年龄、学历、辐射圈层的差异及是否参加合作社（基地）在路径H2上有显著差异，与H1类似，男性更容易感知到农业技术的收益并认可其价值，进而产生更坚决的采用意愿；低年龄和高学历的农户具备更强的认知能力，一旦认识到了某种农业技术的积极收益，便会大大提高其采用意愿，而年龄大和学历低的农户更容易慢热和犹豫，其技术的收益感知对行为采用意愿的影响不显著；居住地离科技园较近、通过参加农业合作社或者成为龙头企业的基地成员的农户，因临近技术中心而具有技术咨询、市场信息等方面的优势，这使得他们在感知农业技术收益进而促进技术采用意愿方面比其他农户更加显著。

（3）不同的性别、年龄及地形因素对 H4 的影响有显著差异，在支出决策中，女性由于更加谨慎而对成本更为敏感，这就使得其对农业技术的成本感知更加敏感，从而在成本感知影响采用意愿路径上影响显著；相比较而言，男性则不明显；与年轻人相比，老年人对成本感知更强，因此其在农业技术成本感知影响采用意愿路径上的影响也非常显著；山区的农户兼业户比例明显少于川区平原的农户，其生计来源主要是农业生产，农业收入较低，因此大部分农户对支出哪怕是农业生产资料的支出也较川区农户敏感，因此其在本路径上影响显著。

（4）在技术风险对采用意愿的负向影响方面，由于女性和老年人对风险的承受能力较低，因此这两类农户技术采用决策者在 H6 上影响显著，而男性和年轻人则不显著；高学历的农户对存在施用风险的技术认识较为深刻，也更加倾向于环境友好型农业技术的使用，因此在技术风险对采用意愿的负向影响路径上表现显著；山区的农户由于对农业生产的依赖较大，农业决策较平原地区更加谨慎，技术风险给他们的家庭生计的冲击更大，因此在路径 H6 上有显著影响。参加过农业合作社（基地）的农户在接受日常的培训和技术指导过程中，对技术选用的风险认识更清晰，因此在本路径上也表现显著。

（5）在路径 H7 方面，年龄较低和学历较高的农户对健康的关注度更高，也更能理解粮食生产对自身和消费者粮食安全的重要性，因此在健康风险对农业技术感知价值的负向影响上表现显著；川区平原地区的农户由于更临近城市区域，对自身的安全较为重视，同时也更容易理解粮食安全生产对自身农产品质量口碑及长期销路的影响，因此在本路径上影响显著；参加过合作社（基地）的农户，一方面接受的农产品安全生产方面的信息较为充分，另一方面合作社及龙头企业对他们的生产过程也有农产品质量安全方面的强制性要求，因此健康风险的感知对他们的农业技术价值感知负向影响也很显著。

（6）在感知价值对采用意愿的正向影响中，只有是否参加合作社（基地）一个变量有一定的差异性，参加以上合作组织和机构的农户有一定的显著性，$\beta=0.477$（$p<0.05$），其他变量的不同并不存在明显差异。

6.4　本章小结

本章以第四章建立的技术感知及对技术采用的影响框架为基础，对 307 个有效调研样本数据进行统计分析，并采用 Lisrel8.7 和 AMOS18.0 进行结构方程模型的相关测算，结果表明：

（1）6 个潜变量和 21 个测量变量得分存在显著差异。在潜变量得分方面，感知价值和采用意愿排在前两位，得分均值分别为 3.766 和 3.735，表明样本农户对技术的价值有很高的认同感，同时也具有极大的采用意愿。技术风险和感知利益的得分均值分别为 3.426 和 3.412，表明样本农户在认识到技术的预期收益的同时，对技术采用存在潜在风险也有较强的担忧，这需要引起技术扩散主体的高度重视。感知成本和健康风险感知的得分均值与以上 4 个差距明显，分别为 2.942 和 2.938，感知成本远低于感知利益，因而农户具有很高的技术采用积极性，但农户对技术使用可能带来的健康风险的认识不够，需要加强教育和引导，以保证农户农业生产和农产品质量的安全。

从各测量指标来看，感知利益的测量指标中排在前三位的分别为 PB05、PB04、PB01，表明农户认为新技术的最大优势在于节约劳动、有效防治病虫害和提高粮食单产；技术成本感知测量指标中 PC04、PC03 及 PC01 位列前三，即有效技术的识别、技术使用技巧和技术价格对其成本的认知影响最大；感知价值的三个测量指标得分均值都在 3.5 以上，表明农户对技术的价值感知具有较高的一致性；农户的技术风险感知测量指标中排在前两个的是 PTR01 和 PTR02，即新品种的产量及销路问题、农药对病虫害的防治效果不好两个方面，而对化肥、农药等的过量使用可能带来的污染和土壤板结问题关注不高；健康风险感知中只有自家食用马铃薯是否安全这个指标得分较高，技术使用过程中的身体健康及出售马铃薯的质量问题得分较低，说明农户对这两个可能的技术风险认识不够；采用意愿的测量指标中 UW02、UW03、UW04 得分均值都在 3.7 以上，表明农户对使用过的效果显著的马铃薯技术已经形成了很高的忠诚度，在重复使用、溢价购买和口碑宣传等方面都表现出很强的认同。

（2）结构方程模型的估计结果表明，大部分测量指标的因子载荷都通过了显著性检验，9 条假设中有 6 条通过了显著性检验，修正后的模型拟合优度指标均在合理阈值以内，表明模型具有较强的解释力。模型的路径系数修正结果显示，感知利益对感知价值和采用意愿的影响都非常显著，对采用意愿的影响在 1%水平上通过了显著性检验；感知成本对价值感知的负向影响没有通过检验，表明农业技术的价格升高并没有影响到农户对技术价值的认同，但感知成本对采用意愿有较为显著的负向影响，调研中也发现，低收入和户主年龄偏大的农户对技术的价格较为敏感，对价格较高的技术有很大的抵触；技术风险对感知价值的负向影响没有通过检验，表明技术的风险认识并没有降低对技术的价值评价，但技术风险对采用意愿的负向影响较为显著，技术预期收益不确定性对农户技术采用有较强的抑制作用；健康风险对感知价值的负向影响在5%水平上通过了显著性检验，但回归系数仅有−0.58，表明农户在进行技术价值评估时对健康维度关注不够，健康风险对采用意愿的负向影响没有通过显著性检验，在高收益动机的驱使下，农户对技术可能存在的健康风险认识并没有影响到他们的采用意愿；技术感知价值对采用意愿的影响系数为0.87，在1%水平上通过了显著性检验，反映出技术的综合感知价值对农户采用意愿具有很强的正向影响。

（3）多群组结构方程模型分析表明，性别、学历、辐射圈层及地形条件等特征对通过验证的6条假设路径存在不同程度影响。决策者性别在假设H1、H2、H4、H6上有显著影响，男性由于对技术收益的感知判断一般要优于女性，因而在H1、H2上影响显著，女性在成本和风险的感知一般较男性更敏感，因此在H4、H6上影响显著；决策者学历变量在H1、H2、H7上影响显著，高学历者对技术价值和收益的感知和判断力一般高于低学历者，因此在路径H1、H2上显著，高学历者对健康的重要性认识更强，因此在H7上影响显著；年龄变量在H2、H4、H6、H7上影响显著，年龄较低者对技术收益的认知和对健康的关注也一般较年长者更敏感，因此在H2、H7上显著，年龄较大者一般对成本和风险感知更强，因此在H4、H6上影响显著；辐射圈层变量对H1、H2有影响，主要原因是一级辐射圈层的农户由于临近科技园，接受到的包括技术收益和价值的信息更多；地形变量在H4、H6、H7上影响显著，山区农户由于生计来源主要为农业生产，对技术成本和风险的感知更敏感，因此在H4、H6上影响显著，平原地区的农户由于临近城市地区，对健康风险的感知明显高于山区农户，因此在H7上影响显著；是否参加合作社（基地）在H1、H2、H4、H7、H9上均有显著影响，主要原因是参加过各种农业组织的农户对技术的收益、使用风险和农产品健康等问题比普通农户有更清晰的认知。

7 农户技术需求及采用决策影响因素分析

许多研究表明，目前对农业技术扩散过程的研究缺乏对受众需求的分析，是一种“自上而下”的传播模式，研发企业、技术权威、技术推广机构拥有绝对话语权，作为农业技术的使用者在很大程度上只能被动接受和选择已经成型的技术，自己在一线农业生产中总结出的技术需求和技术改良方法等信息缺少正常的反馈渠道，这是农业科技成果转化率低的根本原因[137-140]。本章以定西国家农业科技园辐射区农户的技术需求与供给情况为例，在一个包括技术中心、技术受体及相关技术扩散组织的封闭系统内部，探讨农户的技术需求及采用的影响因素。具有较明确的针对性，研究结论能对基于农户需求的农业科技园技术供给类型与模式、扩散渠道与服务方向等提供有益借鉴。

7.1 数据来源与分析

7.1.1 数据来源

本章分析所用数据来自《农业科技园技术扩散的采用行为研究—农户分问卷》，共发放了800份，剔除答卷不完整的，答案不符合正常逻辑以及自相矛盾的问卷，共获得有效问卷726份，与农业技术感知问卷的调研情况类似，受案例区农村居民文化水平普遍较低，特别是目前农村留守的从事农业生产农民文化水平的限制，问卷的有效回收率不高，仅为90.75%。

7.1.2 数据分析

对样本家庭总体情况的了解有助于对农户技术需求和技术决策影响因素的分析，其家庭总体特征、耕地拥有情况及技术决策者情况如下：

（1）家庭规模。农户是农村生产经营和生活的基本单元，其人口规模影响家庭的劳动力规模、家庭收入与支出结构等，因此其对农业生产有着直接影响。调研样本的家庭规模如表7-1所示：成员人数介于2～11人，2人家庭共有30户，占总数的4.13%，其家庭成员年龄集中在30岁以下或者65岁以上，为新组建家庭或者儿女成家后的老年空巢家庭，较少从事农业生产，年轻人多外出打工，老年人的土地出租或者由子女耕种；7人以上的家庭多为子女成家后没有单独立户的多代同堂大家庭，共有50户，占总数的6.89%；家庭规模主要分布在4～6人的水平上，占总数的78.24%，4口家庭最多，占总数的32.37%，说明案例区的家庭规模以中等人口水平为主。从不同的分组来看，马铃薯不同种植规模的家庭人口规模差异不明显，丘陵山区和平原地区的家庭规模稍有差异，丘陵山区的家庭规模较平原地区更大，6人以上的比例为38.64%，高于总体的31.13%和平原地区的31.34%。

表7-1　家庭人口规模情况（%）

	2人	3人	4人	5人	6人	7人以上
样本总体	4.13	10.74	32.37	21.63	24.24	6.89
大　户	5.26	9.44	35.02	19.85	25.21	5.22
普通农户	4.27	10.31	33.76	20.83	25.04	5.79
丘陵山区	3.79	8.25	28.48	21.02	29.89	8.57
川区平原	4.35	10.69	32.59	21.03	25.38	5.96

注：根据案例区马铃薯种植的实际情况，将种植面积在十亩及以上的定为大户，十亩以下的为普通农户。

（2）家庭拥有耕地情况。耕地是农户从事农业生产的基础，其面积大小、肥沃程度、可进入性等因素都会影响包括农业技术采用意愿的生产决策，如农业机械化的操作一般需要较大面积的地块。调研数据显示，案例区农户拥有耕地情况如下：

①家庭耕地规模。726个样本家庭拥有耕地情况如图7-1所示，户均拥有耕地面积12.18亩，最小值为2亩，最大值为58亩，10亩以下的有397户，占总数的54.69%，10～20亩的有204户，占总数的28.13%，20亩以上的有125户，占总数的17.18%。从总体上看，样本农户拥有耕地面积多在7～15亩之间，家庭耕地总面积处于中等水平，超过20亩的农户不到1/5。表明案例区农户马铃薯种植的规模化水平较低，通过租赁、土地流转等方式进一步促进规模经营的空间还非常大。

②耕地细碎化程度。耕地的完整性可以减少多地块种植的往返成本，也有利于实现规模种植，进而提高人力、水肥、机械等各种物化投入的效率。但受分地公平原则及人多地少国情的影响，我国的小农经济一直呈现地块分散和精

图 7-1 不同耕地规模的农户比例分布

耕细作的生产特点。调研显示，案例区农户的家庭拥有耕地细碎化现象也非常严重，平均每户有耕地 4.39 块，每块地的平均面积为 2.37 亩，均值不算太小，主要受部分大户承包村集体或者其他农户的土地与自家耕地连成一片的影响。面积最小的只有 0.37 亩，马铃薯种植耕地细碎化特点显著，在一定程度上影响了规模化生产和部分农业技术的应用。

(3) 家庭劳动力。舒尔茨在《改造传统农业》中指出，农业劳动力的素质是影响农业现代化进程的关键因素，劳动力的数量和质量不仅决定着农业生产的人力资源投入水平，同时也影响其他物化投入要素的利用效率问题，因此家庭成员中真正对农业生产及技术选择产生影响的是在田间一线劳作的劳动力。样本农户的农业劳动力规模情况如表 7-2 所示：从总体上看，拥有 1～3 个劳动力的农户占总数的 88.64%，尤以两个劳动力的家庭为最高，占总户数的 58.92%，表明案例区农业生产进入小户经营的阶段。两个劳动力的家庭多为子女外出上学或者打工的家庭，以及子女单独立户后的两人家庭。从种植大户和普通农户的分组情况来看，大户拥有的劳动力比普通农户略高，说明劳动力充足是促使部分农户种植更大面积马铃薯的原因。从地形分组来看，山区丘陵地区的农户劳动力数量要高于平原地区的农户，主要原因在于，受交通、经济区位等条件的影响，山区兼业农户的比例明显低于平原地区，有更多的劳动力留在农业生产中。而平原地区受市场经济的影响较大，更多的劳动力通过外出打工、本地兼业等方式流入到了第二、第三产业，因此家庭的农业劳动力规模普遍偏小。

表 7-2 家庭农业劳动力情况（%）

	1人	2人	3人	4人	5人以上
样本总体	17.35	58.92	12.37	9.63	1.55
大　户	16.25	62.31	9.76	9.83	1.85
普通农户	18.89	63.44	8.02	7.85	1.80
山区丘陵	18.72	57.25	12.48	9.02	2.53
川区平原	20.17	55.69	11.38	12.36	0.4

（4）马铃薯种植决策者特征。决策者的个人特质对决策行为有重要的影响。因此，了解农业技术决策者的个体特质有助于我们了解其决策过程与特点，为农业技术的扩散工作提供有益参考。对调研样本的分析可知，目前案例区马铃薯生产过程中，技术决策者具有如下特征：

①女性比重有所上升。以往许多研究都表明，男性是农业技术采用的主要决策者。调研结果表明，82.35%的马铃薯种植决策者为男性，有近20%的家庭由女性承担的，女性参与农业技术决策的比重越来越大。走访中得知，在这近20%的农户中，女性的决策者角色大多是被动的，因男性劳动力外出打工而被迫承担起家庭农业生产的大部分任务，包括马铃薯品种选择、期间管理、病虫害防治等农业技术的决策，而这一现象随着更多男性劳动力外出务工而日趋显著。从分组来看，大户中女性决策者非常少，女性决策者主要分布在普通农户中；相对于山区，平原地区农户由于兼业和打工家庭比例更大，因此女性决策者的比重也较大。

②老龄化现象突出。从决策者的年龄分布来看，呈现显著的老龄化特点，40岁以上的有592人，占总数的81.54%，40岁以下的仅占18.46%，中青年劳动力外出打工是造成这一现象的直接原因。大户技术采用决策者的年龄相对较小，多集中在40～50岁之间，这部分人外出打工在年龄、学历和技能方面都不占优势，但是又有一定的冒险精神和创业意愿。在国家大力支持农业规模发展的有利政策下，他们通过土地流转等方式，成为种粮大户。而普通农户的农业生产决策者年龄明显偏大，50岁以上是主力军，平原地区与山区决策者的年龄分布无明显区别。

③文化程度偏低。自1986年颁布《中华人民共和国义务教育法》以来，农村地区的教育水平不断提高，文盲率逐渐降低，农村居民的文化水平有了很大提升。但从决策者的文化水平来看还是明显偏低，主要分布在小学和初中两

个层次上，分别有253和289人，占总数的34.85%和39.81%；不识字的有63人，占8.67%；高中以上的121人，仅占总数的16.67%。主要是因为高学历的农村劳动力不满足于留守农村从事农业生产，更多人选择了外出打工或经商等比较收益更高的谋生方式。与年龄结构类似，种植大户的高学历倾向也非常明显，具有初、高中学历的占总数的74.30%，表明拥有较高学历的农业生产决策者更有魄力和能力从事较大规模的农业生产。

（5）家庭收入情况。家庭收入反映一个家庭的生计能力和生活水平，其结构反映了家庭的生计方式和经营方向，能够考察农业生产对家庭的重要性及农业技术投入可能性的大小。从调研样本来看，大约有81.24%的家庭有打工人口，即纯务工家庭比例非常低，家庭打工收入区间为1～10万元，调研样本的家庭总收入在1万元以下的仅为12.14%，且大多为子女分家后的空巢老人家庭，子女赡养为其主要的开支来源。总收入构成中，大户的非农收入比例较低，平原地区农户非收入比例较山区更高。本书仅对与农业生产密切相关的农业收入（以马铃薯收入为主）进行分析。由表7-3可知，从总体上来看，大部分家庭农业收入集中7万元以下，其中1～4万元共有333户，占总数的45.87%，而1万元以下和7万元以上的两组户数分别为104和105，比重分别为14.46%和14.33%。总体呈正态分布，户均农业收入为2.87万元，说明马铃薯种植给当地农民带来了可观的收入。大户与普通种植户的分组来看，大户的农业收入都在1万元以上，且以4～7万元为主，占总户数的近一半，也表明目前案例区大户种植的规模和效率还处于一般水平。普通农户除1～4万元占38.19%外，其他3个收入等级分布较为均匀。从山区与平原地区的对比来看，山区农户在高收入组的比重明显高于平原地区，这与走访中了解的情况一致，平原地区的农户多为兼业户，家庭收入来源多样，种植面积一般比较小，而山区耕地面积充裕，纯农户比例也较高。

表7-3 家庭农业收入情况（%）

	1万元以下	1～4万元	4～7万元	7万元以上
样本总体	14.46	45.87	25.34	14.33
大　户	—	25.82	49.31	24.87
普通农户	22.35	38.19	20.36	19.1
山区丘陵	24.59	35.38	22.37	17.66
川区平原	32.42	38.49	17.56	11.53

7.2 农户技术需求及供给分析

7.2.1 对科技园区技术需求分析

许多研究都指出，目前农技部门提供的农业技术服务存在与农户技术需求相脱节的现象。因此农户真正需求的农业技术及其优先度的掌握对农业科技园的技术研发和技术扩散有重要的借鉴作用。科技园区可以优先提供农户最需要的农业技术，并通过掌握各种需求技术的时间节点、耗费时间长短等合理安排技术服务方式。结合当地马铃薯种植的实际情况，课题组设置了良种技术、新农药、新肥料、耕作技术、施肥技术、病虫害防治技术、种植期间管理技术和市场供求信息等 8 个农户技术需求选项，要求每个受访者选出最需要的三项农业技术和使用后的担心因素并进行排序，统计结果如下：

(1) 技术需求优先度。为了更准确全面地掌握农户对马铃薯种植技术的需求情况，将农户排在前三位的农业技术分别进行统计，理论上 8 种农业技术都有可能被农户选为第一，因此在统计时对排名前三位的技术分别选频数居于前三的进行了分析，具体统计结果如表 7-4 所示。其中被农户选为第一需求的农业技术中良种技术、市场信息和病虫害防治技术名列前三，分别占总数的 51.35%、21.62%和 9.46%，良种技术不仅被选为第一需求技术，而且以绝对优势位居排名第一的需求技术中的首位；其次为市场信息，表明目前案例区农户在马铃薯销售方面存在较大的瓶颈，亟须畅通、有效的市场需求信息；病虫害技术在被选为第一需求技术中排名第三，表明对马铃薯种植过程中的病变危害还缺乏有效的控制手段，需要更多疾病预防和治理措施。如受降水过多的影响，2012 年整个甘肃中部马铃薯种植区爆发了十年未遇的晚疫病，导致 60%的农户减产过半，甚至有近 20%的农户基本没有收成。排名第二位的农业技术中，施肥技术、期间管理技术、病虫害防治技术频数居于前三，分别占 24.32%、17.57%、16.22%，表明除了良种技术和病虫害防治技术外，施肥技术和期间管理技术等更精细的农业生产过程技术也是农户迫切需要的。排在第三位的农业技术中，病虫害技术、期间管理技术和耕作技术是农户选择最多的。总体来看，良种技术是农户认为最重要也是需求最迫切的农业技术，其次为病虫害防治技术和期间管理技术，而目前科技园区提供的技术服务中，后两项服务还比较薄弱，应当加强这两方面的技术服务。

表 7-4 农户对马铃薯技术需求的排序情况

	技术类型	百分比
第一位	良种技术	51.35%
	市场信息	21.62%
	病虫害防治	9.46%
第二位	施肥技术	24.32%
	期间管理	17.57%
	病虫害防治	16.22%
第三位	病虫害防治	31.08%
	期间管理	21.62%
	耕作技术	13.51%

(2) 技术使用后担心因素。按照技术优先度的统计方法，将农户使用农业技术后担心的问题也进行类似的统计。表 7-5 显示，排名第一位的问题中，效果差、假技术和销售渠道不畅是农户选择最多的三项，分别占 33.78%、27.03%和 14.86%，表明农户最担心的问题是农业技术使用后达不到产品宣传的效果，另外就是新品种技术采用的市场销路问题，调研中得知，有许多种子经销商推销种子时承诺以高价回收，但在农户收获后往往难以兑现。排名第二位的担心问题中，假技术、价格高、效果差分列前三，价格高、假技术和销售渠道不畅是排名第三位中选择最多的选项。总体看来，农户采用新技术最担心的是技术效果不好甚至是假技术，以及使用后产品找不到销路的问题。而价格高、技术使用难度大等问题并非是农户最担心的。因此，提高新研发的农业技术效果，以及加强辐射区内相关组织推广的技术质量的监督，是科技园下一步努力的重要方向。

表 7-5 农户使用马铃薯技术后担心情况

	担心因素	百分比
第一位	效果差	33.78%
	假技术	27.03%
	销售不畅	14.86%
第二位	假技术	25.59%
	价格高	21.37%
	效果差	18.62%

（续）

	担心因素	百分比
第三位	价格高	28.47%
	假技术	23.34%
	销售不畅	9.57%

7.2.2 与科技园的联系强度分析

在了解农户农业技术需求的基础上提供有效的技术供给是科技园发挥技术增长极作用的关键。结合调研问卷及课题组的访谈，通过对农户与定西国家农业科技园联系强度对技术供给情况做如下分析：

（1）对园区的知晓程度及途径。从总体来看，对“您是否知道定西国家农业科技园”问题的回答，仅有56.75%的人选择了“是”。但从实际走访的情况得知，有相当一部分农户是通过科技园的相关组织接受了技术服务，比如农户为园区龙头企业的基地户，或者是农业合作社作为中间组织向农户推介了园区的最新技术，而这部分农户只知企业或合作社而不知科技园，所以降低了对园区的知晓比率。从园区的辐射圈层来看，一级辐射区由于近邻效应的影响，特别是基地示范、专家入户、科技园专项宣传等活动的影响，农户对园区的知晓率明显高于二级辐射区；与普通农户相比，大户对科技园的知晓率明显高于普通农户，只有约22.31%的大户没有听说过定西农业科技园，而普通农户的这一比例为51.07%；受对外交流机会的限制，山区农户对科技园的知晓率也显著低于平原地区农户。

在对科技园的认知渠道方面，有47.78%的农户选择了亲朋介绍，选择政府介绍的有34.46%，选择园区推介和媒体宣传的仅有8.88%。可见目前农户对定西国家农业科技园的了解和认知还主要通过亲朋好友介绍等非正式渠道，但是本来应该作为主渠道的科技园的营销和宣传显然是很不到位的。科技园应该努力通过各种渠道，积极向辐射区农户和相关组织介绍园区及其农业技术，真正承担起区域农业技术研发、集成与扩散的核心作用。

（2）接受园区服务的情况。对园区的认知和了解是农户接受园区农业技术的前提，而接受其相关技术的比率才能反映出农户与科技园区的实际联系强度。经过课题组的深入访谈，确认有70.36%的样本农户直接或间接地接受了科技园的技术服务（包括通过园区的龙头企业和农业合作社接受的服务），一级辐射区的接受率明显高于二级辐射区，表明科技园区技术扩散在总体上受距离衰减规律的影响。

从技术的接受方式来看，以“技术特派员技术推广”和“自行购买良种等技术”为主，接受的技术类型主要为“良种技术”和“病虫害防治技术”，分别为75.33%和68.26%。表明目前农业科技园的技术服务还是以良种和农药等物化技术为主，对于耕作、施肥、期间管理等更为精细的技术指导还比较欠缺，这应该成为园区下一步努力的重要方向。

（3）对园区服务的评价。对园区技术服务的评价方面，有70.14%的接受过技术服务的农户选择了满意，说明园区的技术效果受到了大部分农户的认可。在园区技术服务中存在的问题方面，排在前三位的依次是“技术创新的数量较少”“技术的售后服务不够”和“技术不够实用”，访谈中得知，农户希望农业科技园能够提供更全面、更长效的技术服务，而目前科技园区的技术创新主要集中在脱毒薯种的研发上面，作物播种、生长期间管理等环节的技术提供非常有限。且技术服务多为一次性的，缺少售后的疑难问题解答与技术支持，特别是对于偏远山区的农户更为明显，现有的技术服务热线对他们的技术需求来讲是杯水车薪，马铃薯种植过程中的很多问题都无法通过专家热线得到有效解决。此外，还有部分技术在当地的适应性较差，技术效果不太明显。

7.3 技术属性对农户采用决策的影响分析

有许多方面的因素会影响农户的技术采用行为，除农户自身的各种属性特征、技术推广力度、农产品市场需求状况等因素外，技术本身属性的差异也会影响农户的采用行为。本部分参照满明俊（2010）对于农业技术的分类方法，考察影响农户采用公益性、商品性和中间性技术时首要考虑因素的差异，为不同属性技术的推广工作提供借鉴。此处对回答问题要求和统计方法仍参照上文的技术优先度的处理办法。

7.3.1 公益性技术

影响农户是否采用公益性农业技术的因素统计结果如表7-6所示，排在第一位的影响因素中，技术收益以59.46%的绝对优势占据首位，表明农户在决定是否采用公益性技术时，首要考虑的因素是技术施用后是否会对农产品产量或者质量有显著的提升作用，是否有利于环境保护或者水土保持并不是农户所关注的重点，启示我们在推广类似农业技术时，应注意通过外部效应有偿补贴的办法，提高农户采用此类技术的积极性。是否消耗较多的劳动力紧随技术收益排在第一影响因素中，随着劳动价值迅速提升和市场流动的便捷性，农业劳作的机会成本大大提高，因此农户越来越倾向于采用劳动力节约型的技术。此外，免费的公益性技术是否会产生连带的间接成本也是影响农户采用意愿的重要因素。间接成本和消耗时间分别排在第二位和第三位影响因素中的首位，所占比率为 29.73%和 35.14%，进一步验证了理性的小农在采用公益性技术时对于机会成本和间接成本的关注。

表 7－6　农户采用公益性农业技术考虑的影响因素

	技术类型	百分比
第一位	收益大小	59.46%
	消耗劳动力	22.97%
	间接成本	9.46%
第二位	间接成本	29.73%
	消耗劳动力	27.03%
	耗费时间	18.92%
第三位	耗费时间	35.14%
	收益大小	22.97%
	消耗劳动力	12.16%

7.3.2　商品性技术

由表 7－7 可见，影响采用商品性技术的第一位因素中，农户选择排在前三位的依次是收益大小、风险高低和价格高低，比率分别为 47.29%、22.97%和 20.27%，这三个选项总比率为 90.53%。结果表明，农户对商品性农业技术首要考虑的因素是技术收益的大小，有近一半的人选择了这个因子作为第一影响因素；其次为技术风险，技术施用后是否能产生显著的正向效果也是农户非常关心的问题；最后是价格高低，商品性农业技术一般价格较高，若存在同类技术自由选择的空间时，技术价格将成为农户是否采用的重要影响因子。收益大小在农户的第二位因素选择中仍是排名第一的因子，进一步凸显了其重要性。在第三位影响因素的选择中，农产品质量安全因子以 32.43%的比率排名第一，表明案例区的马铃薯种植户在参与市场的过程中，逐渐认识到了农产品质量安全是农业生产的生命线，量大、优质的马铃薯供给有利于形成鲜明的农产品地域品牌，最终将惠及区内的所有马铃薯种植户。

表 7－7　农户采用商品性农业技术考虑的影响因素

	技术类型	百分比
第一位	收益大小	47.29%
	风险大小	22.97%
	价格高低	20.27%

（续）

	技术类型	百分比
第二位	收益大小	39.19%
	风险大小	20.27%
	价格高低	17.57%
第三位	农产品安全	32.43%
	风险大小	18.92%
	难易程度	14.86%

7.3.3 中间性技术

中间性农业技术主要是指国家为了保障粮食生产的安全和推动农产品质量的提升而由政府补贴推广的技术，典型的当属良种技术。高额的基础科研费用由政府买单，农户只需支付比传统种子稍高的价格即可购买到最新的品种。因此，价格因素对农户技术采用的影响非常小，第一、第二、第三位影响因素中，排名前三的因子基本上都是收益大小、风险大小及农产品质量安全问题。由表7-8易知，在排名第一位的因素中，选择收益大小的农户占67.57%，表明中间性技术的收益大小是影响农户是否采用最关键因子；其次为风险大小，占总户数的17.57%，新技术在推向田间生产的过程中，总是存在一定的技术风险，以种子为例，新种子存在土地环境及气候条件适应性、抗病虫害能力及农产品市场销路等方面的不可预测性，因此很多农户往往宁愿做“谨慎的跟随者”，而非“吃螃蟹者”；另外，农产品质量安全对农户中间性农业技术的采用也有较大影响。

表7-8 农户采用中间性农业技术考虑的影响因素

	技术类型	百分比
第一位	收益大小	67.57%
	风险大小	17.57%
	农产品安全	5.41%
第二位	风险大小	37.84%
	收益大小	21.62%
	农产品安全	13.51%
第三位	农产品安全	29.73%
	风险大小	21.62%
	其他人采用	12.16%

7.4 非技术因素对农户采用决策的影响分析

影响农户技术采用的非技术性因素历来是研究的热点问题，鉴于马铃薯技术种植过程中并不存在具有显著的公益性特征的技术类型，本书以偏中间性的脱毒薯种技术和偏商品性的地膜技术为例对其进行建模分析。

7.4.1 研究变量选择与描述性分析

根据4.2.1部分关于农户技术采用决策影响因素及模型构建的分析，设定模型因变量为是否采用此技术，采用设为1，否为0，自变量共有21个，其中决策者特征3个，家庭禀赋特征4个，园区技术服务环境9个，空间属性特征3个，机会成本2个，具体如表7-9所示。调研中发现，随着打工家庭和兼业家庭比例的增加，农业技术的采用决策越来越多的由非户主家庭成员做出的，因此，本书用技术采用决策者的特征来代替以往研究中户主特征这一变量；家庭禀赋变量方面，排除了“是否拥有电视机”“距县城的距离”“距最近集市的距离”等区分度已经不太显著的变量，增加了“能否收到农业频道”变量，将“人均家庭收入”变为“人均农业收入”，此变量与农业技术采用有更大的相关度；园区技术服务环境方面主要包括各级园区组成的园区体系及其相关的龙头企业、农业合作社等给予农户的技术支持，如提供的技术服务或者培训的次数与质量，包括农户是否加入合作社、涉农企业或者成为其种植基地，此外，还有政府的支持力度，如农业贷款的难易程度及是否有种植补贴等政策；空间属性特征意在考察空间距离及地理环境对技术采用的约束作用，用农户所属圈层及与科技园区技术服务中心的距离两个指标验证农业技术扩散中是否存在距离衰减效应，鉴于当地农村的交通状况比较落后的实际，结合相关专家的意见，将与各级园区技术中心的距离判定标准设定为距离最近的技术中心30公里以内为1，否则为0，地形条件因子旨在测度其本身及其所带来的综合效应对农户技术采用的影响；机会成本方面主要研究劳动力在农业内、外部的可选择机会及比较收益对技术采用的影响程度。

表7-9 技术采用模型中变量设置及描述性分析

变量名称	定义变量	样本均值	样本标准差
决策者特征			
年龄（X1）	按实际年龄计算	51.23	9.54
受教育水平（X2）	文盲＝1；小学＝2；初中＝3；高中＝4；大专及以上＝5	2.87	0.79

（续）

变量名称	定义变量	样本均值	样本标准差
风险偏好（X3）	喜爱=3；中性=2；厌恶=1	1.96	0.77
家庭禀赋特征			
劳动力数量（X4）	务农劳动力	3.24	1.53
耕地面积（X5）	马铃薯种植面积	11.28	4.02
人均农业收入（X6）	家庭农业总收入/人口数	4 689.8	3 315.7
能否收到农业频道（X7）	是=1；否=0	0.75	0.41
园区技术服务环境			
农业合作社会员（X8）	是=1；否=0	0.38	0.42
园区基地示范户（X9）	是=1；否=0	0.09	0.25
龙头企业基地户（X10）	是=1；否=0	0.19	0.35
园区提供服务次数（X11）	按实际服务次数计算	1.25	0.19
园区服务质量（X12）	满意=1；不满意=0	0.43	0.39
参加培训次数（X13）	按每年实际次数计算	5.24	1.24
培训质量（X14）	差=1；一般=2；好=3	2.77	1.07
政府补贴（X15）	有=1；没有=0	0.67	0.32
信贷条件（X16）	可以贷到=1；不能贷到=0	0.42	0.11
空间属性与机会成本			
辐射圈层（X17）	一级=1；二级=0	0.52	0.51
与各级技术中心距（X18）	<30 公里=1；>30 公里=0	0.37	0.38
地形条件（X19）	平原：是=1；否=2	0.25	0.41
兼业程度（X20）	非农业收入/家庭总收入	0.49	0.43
比较收益高的作物（X21）	有=1；无=0	0.21	0.18

表 7-9 中的样本均值和标准差显示，技术采用决策者平均年龄为 51.23，表明农业技术决策者或者说主要的农业从业者的年龄偏大，标准差为 9.54，说明年龄相对差异不大，进一步验证了目前农业劳动力年龄逐渐偏大的结论。受教育水平的均值为 2.87，接近初中水平值 3，标准差为 0.79，大部分农业劳动力已经具备了小学以上的文化水平，有利于理解并快速接受新的农业技术。风险偏好的均值为 1.96，整体上处于中等偏好水平；家庭禀赋特征方面，人均务农劳动力为 3.24 个，标准差为 1.53，表明总体上劳动力较多，且户间差距较大，马铃薯种植面积和人均农业收入分别为 11.28 和 4 689.8 元，标准差也较大，表明户间种植面积及其影响的农业收入差距较大，大部分家庭都可

以收到农业频道；园区技术服务环境方面，加入农业合作社、成为公司基地成员、成为园区基地成员的均值分别为 0.38、0.19、0.09，表明加入合作社的农户比例已经较高，与龙头企业合作的农户也有了一定的规模，受园区辐射能力及其技术中心数量的限制，成为园区基地的农户数量较少，与提供的培训次数相比，园区提供的技术服务次数相对较少，这可能与部分农户对园区间接提供的服务了解不够有关，但至少表明了园区在技术服务及自身宣传方面还存在较大努力空间，政府补贴的覆盖面较高，均值为 0.67，但是信贷条件不容乐观，能否贷到款的均值仅为 0.42；空间属性特征方面，受调研安排的影响，两个圈层的有效样本户基本一致，距离园区各级技术中心距离的均值为 0.37，表明相当一部分农户距离园区的技术中心较远，园区的技术服务网络节点数量较少，地形条件的均值为 0.25，表明样本农户有 3/4 处于山区和丘陵地区，这也反映了案例区的实际情况；机会成本方面，兼业程度的均值为 0.49，虽然从总体上看，兼业户以及务工人员的比例都达不到 50%，但是由于外出务工的个体收益远高于务农收入，因此以总收入计算的平均的兼业化程度已经接近 50%。

7.4.2 模型估计与结果分析

利用 EViews6.0 对脱毒薯种技术和地膜覆盖技术的采用情况及其影响变量进行 Logit 回归，结果如表 7-10 所示。

表 7-10 农户技术采用影响因素估计结果

解释变量	脱毒薯种技术（模型Ⅰ）		地膜覆盖技术（模型Ⅱ）	
	参数	Z统计量	参数	Z统计量
常数项	1.379 238*	1.852 396	−0.423 794**	−0.412 854
决策者特征				
年龄（X1）	−0.573 329**	1.382 451	—	—
受教育水平（X2）	0.893 12*	0.732 564	0.213 932*	0.667 454
风险偏好（X3）	1.438 219**	2.192 568	—	—
家庭禀赋特征				
劳动力数量（X4）	—	—	0.273 935*	0.502 374
耕地面积（X5）	1.264 417**	2.137 886	—	—
人均农业收入（X6）	0.891 347**	1.533 583	0.053 219*	0.889 315
能否收到农业频道（X7）	—	—	—	—
园区技术服务环境				
农业合作社会员（X8）	1.542 119**	0.823 619	0.513 964*	0.781 460

（续）

解释变量	脱毒薯种技术（模型Ⅰ）		地膜覆盖技术（模型Ⅱ）	
	参数	Z统计量	参数	Z统计量
园区基地示范户（X9）	2.871 436***	1.634 481	—	—
龙头企业基地户（X10）	2.591 743***	1.025 734	0.458 029**	1.061 173
园区提供服务次数（X11）	—	—	—	—
园区服务质量（X12）	—	—	—	—
参加培训次数（X13）	0.983 427**	1.596 863	0.076 242*	1.840 325
培训质量（X14）	—	—	—	—
政府补贴（X15）	1.357 629**	0.972 531	—	—
信贷条件（X16）	—	—	—	—
空间属性				
辐射圈层（X17）	0.580 17*	0.712 457	—	—
与各技术中心距离（X18）	1.436 852**	2.934 711	—	—
地形条件（X19）	—	—	1.582 237**	2.735 190
机会成本				
兼业程度（X20）	−1.827 441***	−3.012 284	−1.566821**	−2.688 325
比较收益高的作（X21）	−3.327 258***	4.165 777	−1.037221**	−2.336 280
Log likelihood	−158.472 2		−118.243 3	
R^2	0.856 442		0.732 905	
Probability	0.000 000		0.000 000	

注：*、**、***表示统计检验分别达到10%、5%和1%的显著性水平。

由上表可见，两个模型的R^2分别为0.856 442和0.732 905，具备较好的解释效果，下面分别对两种技术的影响因素进行分析。

（1）马铃薯脱毒薯种技术采用的影响因素分析。模型Ⅰ的21个解释变量中，有14个通过了10%以下水平的检验，决策者个体特征的3个变量都通过了检验，家庭禀赋中的耕地面积和人均农业收入通过了检验，园区技术环境中的合作社成员、园区基地示范户、龙头企业基地成员、参加培训次数和政府补贴都通过了检验，空间属性中的空间圈层和与各级技术中心的距离通过了检验，机会成本中的兼业程度和是否有较高收益的可替代农作物选择也都通过了1%水平的检验。①决策者特征。年龄变量在5%水平上通过了检验，符号为负，表明年龄因素对马铃薯脱毒薯种采用有显著的负向影响，虽然大部分调研区域都对种植脱毒薯种有补贴，但是农户每亩仍有500元左右的种子成本，而年龄较大的农户习惯了自家留种，虽然产量远远赶不上脱毒薯种，而且存在品种退化严重的风险，但作为风险厌恶者的老龄农民仍倾向于投入少的选择。特别是原原种由于价格更高，购买者更是呈现明显的年轻化。受教育水平通过了10%水平的检验，表明受教育程度对脱毒薯种的采用有一定的正向影响。风险偏好因子通过了5%水平的检验，回归参数为1.44，表明高风险倾向者更愿意采用脱毒薯种，而风险厌恶者的采用比率则明显偏低。②家庭禀赋特征。耕地面积和人均农业收入都通过了5%水平的检验，耕地面积的回归系数较人均农业收入更大。调研中发现，种植面积越大的农户，对马铃薯种植的效益关注度更高，采用脱毒薯种的积极性也越高。人均农业收入与脱毒薯种的采用具有一定互为因果的关系，采用新技术增加了单位面积的种植收益，提高了人均农业收入，而农业收入的提高又增强了农户技术采用的支付能力，形成了显著的良性循环链。③园区技术服务环境。9个变量中有5个至少通过了5%水平的检验，其中园区基地示范户和龙头企业基地户通过了1%水平的检验，表明成为园区或龙头企业的基地农户在脱毒薯种采用方面显著异于其他农户。科技园区是脱毒薯种研发和推广的核心组织，其选择的技术示范农户必定是最先采用脱毒薯种的群体，而龙头企业是以高科技化、规模化为特点的营利性组织，最大限度地盈利是其首要目标，因此也是新技术的率先采用者。成为农业合作社成员对农户采用脱毒薯种也有积极的促进作用，合作社会向农户介绍最新的脱毒薯种的优势，同时，作为农户集体代理人的身份也增加了向种薯供应商的议价能力。另外，合作社的交流平台所产生的示范效应和群体压力也有利于农户脱毒薯种的采纳。农户参加的培训次数越多，对包括脱毒薯种在内的农业技术的优势了解的就越多，政府的补贴越大，农户采用新技术的成本就越低，这些也都有利于农户采用脱毒薯种技术。④空间属性。空间属性类变量中，农户与技术中心的距离及其所处的辐射圈层分别通过了5%和10%水平的检验，从农户采用的空间差异角度验证了技术扩散存在距离衰减效应。与定西国家农业科技园各级技术中心的距离变量较辐射圈层变量更为显著，辐射圈层是以科技园区核心区为参照对象划分的，而二级辐射区内同样也存在次级技术服务中心，对周边的农户形成较强的辐射作用。因此，从严格意义上来说，距离各级技术中心的距离变量更客观地反映了农户与技术间的物理距离。地形变量对脱毒薯种技术采用无明显影响，平原地区和山区丘陵地区的采用情况差异不明显。⑤机会成本。机会成本方面的两个变量都在5%水平上通过了检验，符号为负。表明存在农业外谋生机会和农业内比较收益更高农作物选择对农户脱毒薯种的采用有显著的负向作用。兼业程度越高的农户，或者说非农收入越高的农户，对马铃薯种植的依赖性就越低，部分农户已经放弃农业生产，仍从事马铃薯种植的农户对新品种技术的采用意愿也不大，存在更高收益农作物选择的农户对脱毒薯种技术的采用积极性也不大。如陇西县的首阳镇，中药材种植和销售已经颇具规模，而种植中药材的收入明显高于马铃薯，如当归亩均纯收入近 6 000 元，而马铃薯亩均仅有 2 000 元左右，当地农户采用种植马铃薯且采用脱毒薯种的积极性就很低。

（2）地膜覆盖技术采用的影响因素分析。模型Ⅱ的 21 个解释变量中，有 9 个通过了 10%以下水平的检验，决策者个体特征中只有受教育水平通过了检验，家庭禀赋中的劳动力数量和人均农业收入通过了检验，园区技术环境中的合作社成员、龙头企业基地成员和参加培训次数都通过了检验，空间属性中的地形条件影响显著，机会成本中的兼业程度和是否有较高收益的可替代农作物选择也都通过了 5%水平的检验。相较于脱毒薯种技术，地膜覆盖技术已经较为成熟且投入成本低，技术采用的影响因素也较少。①决策者特征。3 个决策者特征变量中仅有受教育水平通过了 10%水平的检验，且回归系数仅有 0.21，符号为正，表明受教育水平较高的农户，对地膜覆盖这种非必须技术可能带来的增收效果有更清晰的认识，因此采用率略高于学历较低的农户。②家庭禀赋特征。劳动力数量和人均农业收入也在 10%的水平上通过了显著性检验，地膜覆盖以及马铃薯收获后地膜的清理等都需要投入一定的人力，因此在一定程度上影响了劳动力较少的农户采用的积极性。收入较高的农户受支付能力的影响，对包括地膜覆盖在内的农业技术采用意愿都高于收入较低的农户。③园区技术服务环境。在通过检验的 3 个变量中，龙头企业的基地户效应最显著，这主要是受企业支持或强制要求的影响。在临洮县上营村调研时得知，作为凯凯公司的基地，按照不同的协议形式，有的是由公司提供地膜，有的是公司强制要求农户种植马铃薯时必须采用地膜覆盖技术。与对脱毒薯种技术采用的影响类似，合作社和各种培训对农户地膜覆盖技术的采用也有一定程度的正向影响。④空间属性。空间属性类变量中，仅有地形因素通过了检验，主要原因在于不同地形在土壤保湿及水源供给方面存在差异。案例区的平原多为山间川区，土壤含水量较高且多临水分布，而马铃薯对水分的需求量又有限，因此平原地区农户采用地膜覆盖技术的比率要小于山区丘陵地带的农户。⑤机会成本。机会成本方面的两个变量都通过了 1%水平的检验，且符号为负，其原因与对脱毒薯种技术采用的影响类似，不以农业生产为主或者有比较收益更高的农作物选择的农户，对地膜覆盖技术采用的意愿也较弱。

7.5 本章小结

本章以问卷二数据为基础，对样本农户的家庭总体情况、技术需求及满足情况进行了统计分析，并以脱毒薯种和地膜覆盖两种技术为例，对影响农户技术决策的技术属性特征与非技术因素进行了分析，主要结论如下：

(1) 家庭总体及农业生产情况分析表明，农户家庭规模以4～6人居多，劳动力以1～3人居多，大户和山区的劳动力较普通户和平原地区农户更多；家庭拥有耕地面积多在7～15亩之间，户均拥有耕地面积12.18亩，平均每户有耕地4.39块，耕地细碎化现象严重；马铃薯种植决策者呈现女性比例增加、老龄化和文化水平低的特点，文化水平较高的男性劳动力多选择外出打工；约有81.24%的家庭有非农收入，马铃薯种植家庭收入以7万元以下居多，其中1～4万元区间的农户占总数的45.87%。

(2) 农户技术需求分析表明，农户第一需求的农业技术中良种技术、市场信息和病虫害防治技术名列前三，分别占总数的51.35%、21.62%和9.46%，第二需求中前三位为施肥技术、期间管理技术、病虫害防治技术，第三需求技术中病虫害技术、期间管理技术和耕作技术为前三名，表明良种技术、市场信息、病虫害防治技术和期间管理技术是农户最需求的；技术采用后担心的因素排名为，第一（效果差、假技术和销售不畅）、第二（假技术、价格高、效果差）和第三（价格高、假技术、销售不畅），表明农户采用技术后的主要担心是技术的效果、价格和产品销路问题。

(3) 基于农户与科技园联系强度的技术供给分析表明，仅有56.75%的被调查者听过定西农业科技园区，约有70.36%的样本农户直接或间接接受了科技园区的技术服务，接受的技术主要为脱毒薯种和化肥、农药等实物技术，约有70.14%的接受过技术服务的农户对技术表示满意，大部分农户认为科技园技术服务存在技术创新数量较少和技术售后服务不够等问题，一级辐射区的农户对科技园区的知晓比率和接受其技术服务的比率明显高于二级辐射区。总体来看，科技园对辐射区的技术服务效应已经初步形成，但还存在技术创新不够、技术服务强度较弱等问题。此外，园区的技术服务还具有明显的距离衰减效应。

(4) 技术属性对农户采用决策的影响分析显示，农户是否采用公益性技术首要考虑的因素排序为技术收益、是否消耗较多的劳动力和是否有间接成本；是否采用商品性技术首要考虑的因素排序为技术收益、风险大小和价格高低；是否采用中间性技术首要考虑的因素排序为技术收益、风险大小和农产品质量安全。可见农户采用各种技术主要考虑成本与收益的比较，较低的风险和较高的收益是其主要目标。因此在进行扩散时，公益性技术要考虑通过有偿补贴等方式提高农户技术采用的即时收益，商品性和中间性技术要保证技术的质量与效果，降低技术采用风险。

（5）马铃薯脱毒薯种技术采用影响因素模型回归结果显示，21 个解释变量中有 14 个通过了 10%以下水平的检验。结果表明年轻、学历水平高、风险偏好大的决策者更倾向于采用价格较高的脱毒薯种，人均耕地面积和人均收入更高的农户采用意愿更强烈，成为园区和龙头企业基地户以及参加合作社的农户比普通农户有更高的采用意向，参加培训次数和政府补贴对农户采用脱毒薯种技术有正向作用，距离各级技术中心越近的农户采用意愿也更高，存在农业外谋生机会和农业内比较收益更高农作物选择的农户采用意愿明显较低。

（6）地膜覆盖技术采用的影响因素模型回归结果显示，21 个解释变量中有 9 个通过了 10%以下水平的检验，表明与脱毒薯种技术相比，地膜覆盖技术已经较为成熟且投入成本低，技术采用的影响因素也较少。学历较高者采用地膜技术略高于学历较低者，劳动力较多和人均农业收入较高的农户采用意愿也更强烈，成为公司基地户、加入农业合作社和参加培训次数也对农户地膜技术采用有正向影响，山区农户的保墒需求更高因而更倾向于采用地膜技术，存在农业外谋生机会和农业内比较收益更高农作物选择两个变量对农户采用地膜技术有显著负向影响。

8 农户技术采用效率及生计效应分析

新中国成立以来我国农业生产取得了举世瞩目的成就，但对于资源投入，以及化肥、农药等化工制品的投入过度，走的是“化工农业”的路子。受资源有限及环境污染问题加剧的约束，未来农业发展势必要走效率主导的内涵式发展道路，农业的增产要从依靠投入转到依靠农业全要素生产率（TEP）的增长上来，客观上要求农业生产要更加注重技术效率、环境保护和农户能力提升等方面。本部分以第四章建立的技术采用效率和农户生计影响框架为基础，对案例区农户的马铃薯种植效率和农户生计影响进行分析。首先以 726 户有效样本农户的马铃薯种植投入产出数据为基础，采用数据包络法的 BCC 模型测算案例区马铃薯种植户的综合技术效率、纯技术效率和规模效率；然后采用 SFA 随机前沿分析法进行各投入要素效率的测度及导致效率损失影响因素的估计；最后以两个马铃薯种植典型村为例，进行技术采用的农户生计效应分析。

8.1 数据搜集与分析

本章所用数据仍来自《农业科技园技术扩散的采用行为研究—农户分问卷》的 726 份有效问卷。与本章相关的投入产出数据如表 8-1 所示。

表 8-1　农户马铃薯种植投入产出情况

项目	最大值	最小值	均值	标准差
收入（元）	125 400	500	28 748.31	2 514.53
种薯（元）	9 600	110	2 176.72	435.27
化肥（元）	12 400	240	2 895.33	750.26
农药（元）	3 200	0	458.99	300.75
人工（人）	6	1	2.55	1.85
土地（亩）	12.18	2	8.57	3.26
资本（元）	23 400	450	4 875.29	1 980.25

由上表可见，案例区农户马铃薯种植收入方面，最高收入为 12.54 万元，最低仅为 500 元，标准差为 2 514.53 元，表明农户间的马铃薯种植收入差异

非常大，各项投入要素除人工外，标准差都比较大。调研中也发现，除了种植规模差异本身所导致的要素投入的户间差异外，家庭对农业收入的依赖程度、种植决策者个人特征、村域种植环境等因素对农户种植马铃薯的要素投入影响也很大，呈现较为随机的分布状态，对技术效率也产生了显著的不利影响。

8.2　DEA 模型的估计与分析

8.2.1　农户马铃薯种植效率分析

运用 Coelli 等人开发的 DEA 效率测算软件 Deap 2.1 对案例区 726 户马铃薯种植户的种植效率进行分析，采用 BCC 模型即规模报酬可变的 VRS 模型，得到农户的综合技术效率、纯技术效率和规模效率，分别表示农户马铃薯种植的综合效率、配置效率和规模效率，具体结果如表 8－2 所示：

表 8－2　农户马铃薯种植效率值

决策单元 (dum)	综合技术效率 (crste)	纯技术效率 (vrste)	规模效率 (scale)	规模报酬	决策单元 (dum)	综合技术效率 (crste)	纯技术效率 (vrste)	规模效率 (scale)	规模报酬
1	0.211	1	0.211	rs	19	1	1	1	—
2	0.405	0.468	0.865	irs	20	0.367	0.39	0.942	irs
3	0.666	1	0.666	rs	21	0.25	0.641	0.39	rs
4	0.281	0.285	0.986	irs	22	0.558	0.674	0.827	irs
5	0.6	1	0.6	rs	23	0.312	0.768	0.406	rs
6	0.337	0.337	0.999	—	24	0.315	0.315	1	—
7	1	1	1	—	25	0.517	1	0.517	rs
8	0.283	0.456	0.621	irs	26	0.555	0.575	0.964	irs
9	1	1	1	—	27	0.147	0.405	0.363	rs
10	0.371	0.429	0.866	drs	28	0.532	0.651	0.817	irs
11	1	1	1	—	29	0.171	1	0.171	rs
12	0.391	0.429	0.912	drs	30	0.454	0.536	0.846	irs
13	1	1	1	—	31	1	1	1	—
14	0.324	0.344	0.943	drs	32	0.595	0.801	0.744	irs
15	0.995	0.995	1	—	33	1	1	1	—
16	0.918	0.992	0.926	irs	34	0.313	0.318	0.985	irs
17	1	1	1	—	…	…	…	…	…
18	0.759	0.759	1	—					

（续）

决策单元（dum）	综合技术效率（crste）	纯技术效率（vrste）	规模效率（scale）	规模报酬	决策单元（dum）	综合技术效率（crste）	纯技术效率（vrste）	规模效率（scale）	规模报酬
697	0.037	1	0.037	rs	712	1	1	1	—
698	0.489	0.49	1	—	713	0.445	0.501	0.89	rs
699	0.172	0.294	0.586	rs	714	0.999	1	0.999	drs
700	0.414	0.419	0.987	irs	715	0.683	0.768	0.89	rs
701	0.203	0.271	0.749	rs	716	0.169	0.169	1	—
702	0.483	0.499	0.968	irs	717	0.256	0.291	0.879	rs
703	0.285	0.306	0.93	rs	718	0.196	0.196	1	—
704	0.967	1	0.967	irs	719	0.416	0.451	0.923	rs
705	0.287	0.292	0.986	rs	720	0.175	1	0.175	irs
706	1	1	1	—	721	0.287	0.321	0.896	rs
707	0.129	0.13	0.994	rs	722	0.362	0.362	1	—
708	1	1	1	—	723	0.362	0.382	0.947	rs
709	1	1	1	—	724	0.243	0.268	0.905	drs
710	1	1	1	—	725	0.384	0.451	0.852	rs
711	0.879	1	0.879	rs	726	0.119	0.119	1	—

（1）家庭综合技术效率分析。综合技术效率表示的是农户整体上的相对生产效率，即农户在农业生产过程中投入的各种要素，种子、化肥、人工、农药等在效率上是否实现了最大化，是在既定的投入水平下的最大产出值，VRS模型可以将其分解为纯技术效率和规模效率，其值等于两者的乘积。输出结果表明，案例区马铃薯种植户的家庭综合技术效率均值为0.546，与最佳的效率值1差距较大，表明整体上来看，家庭的综合技术效率值偏低。样本农户的家庭综合技术效率分布如图8-1所示，效率值为1的农户仅有151户，占总数的20.79%，这些农户的马铃薯生产处于报酬不变状态，其纯技术效率和规模效率都为1。表明其投入的资本、人力等各种要素实现了现有技术水平下的收益最大化，保持现有要素投入规模和组合是最佳选择。处于0.5～1之间的农户有142户，占总数的19.56%，即家庭综合技术效率值大于0.5的农户还不

到总数的一半，表明案例区马铃薯种植户在要素投入量及技术组合方面还存在较大的优化空间。家庭综合技术效率在 0.3～0.5 之间和 0.3 以下的分别有 218 和 215 家，占总数的 30.04%和 29.61%，尤其需要注意的是有近三分之一的农户效率值在 0.3 以下，说明要素投入及组合严重不合理，急需查明影响因素并加以改进。

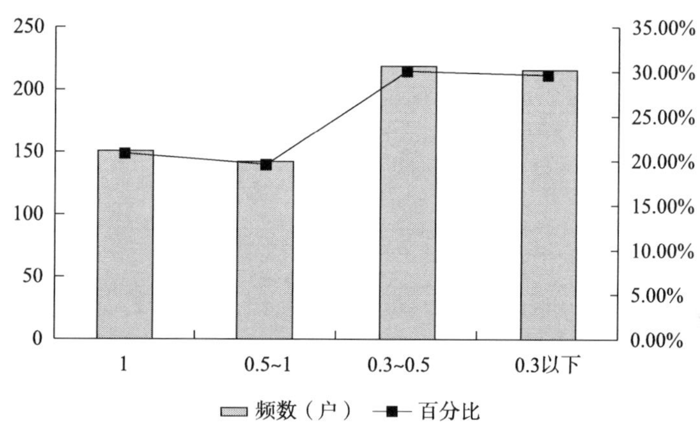

图 8-1　样本农户的家庭总体规模效率分布

（2）纯技术效率分析。纯技术效率等于家庭综合技术效率除以规模效率，指家庭综合技术效率中去掉规模因素的生产效率，是判断各农户的要素投入是否得当，是否存在冗余现象的指标。由统计结果表明，样本农户纯技术效率的均值为 0.658，比家庭综合技术效率值略高，说明技术效率配置水平高于总体水平，但仍然处于较低的水平。如图 8-2 纯技术效率值等于 1 的农户有 261 户，占总数的 35.82%，表明这些农户在马铃薯种植过程中，种薯、化肥、农药及人工等投入要素匹配合理，其生产能力得到了最大程度的发挥。但仍有部分农户因技术投入与种植规模不匹配而处于规模报酬递减或递增阶段，并非全部处于报酬不变的阶段。纯技术效率处于 0.5～1 之间的农户有 151 户，占总数的 20.89%，这部分农户的要素投入组合较为合理。纯技术效率在 0.5 以上的农户总数为 412 户，占到总数的 56.75%，进一步表明纯技术效率的总体水平要优于家庭综合规模效率。处于 0.3～0.5 和 0.3 以下的农户分别有 206 和 108 户，占总数的比值为 28.36%和 14.93%，这部分农户的技术投入要素不尽合理，与其最大的生产潜力差距较大。

（3）规模效率分析。规模效率是判断农户的种植面积是否处于最优规模的指标，如果处于规模报酬递减状态，应该缩减种植规模或者调整投入的约束变

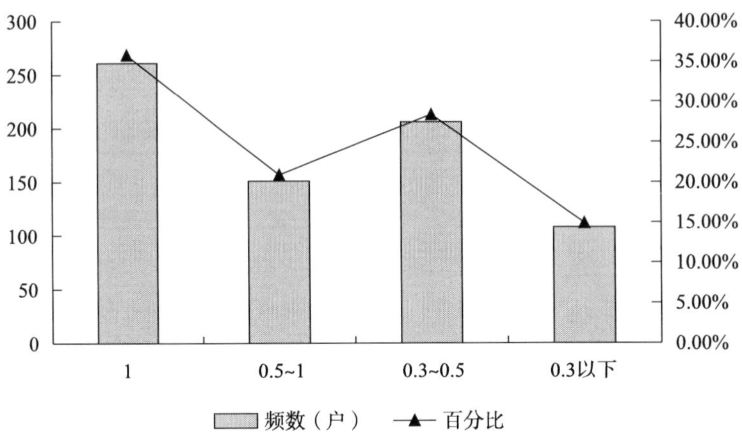

图 8－2 样本农户的纯技术效率分布

量，以提高整体的产出效率；如果处于规模报酬递增阶段，则应该增加种植规模，提高规模效率和总体的种植效率。样本农户马铃薯种植的规模效率分布如图 8－3 所示，其均值为 0.851，表明整体上农户的规模效率比较高。规模效率值为 1 的农户 271 户，占样本总数的 37.31%，表明在现有的技术水平和要素投入组合下，这部分农户的种植规模处于最佳状态，应该保持现有的种植规模不变。处于 0.5～1 区间的农户有 379 户，占总数的 52.24%，其中绝大部分得分值都在 0.7 以上，进一步说明样本农户的马铃薯种植规模效率整体水平是比较高的。规模效率在 0.5 以下的有 76 户，仅占总数的 10.45%，这部分农户种植规模效率较低，需要结合技术效率高低调整种植规模，以实现家庭综合技术效率的提高。

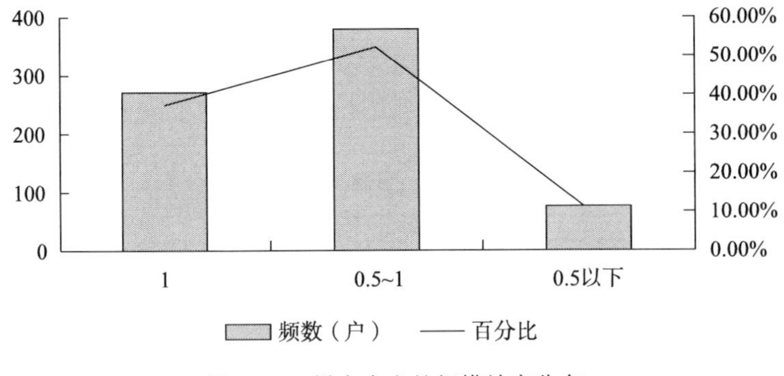

图 8－3 样本农户的规模效率分布

从农户所处的规模报酬阶段来看，处于规模报酬递增阶段的有 412 户，占总数的 56.72%，表明超过一半的农户种植规模尚未达到最佳的规模，现有的技术水平和要素投入组合水平下，还可以通过提高种植规模获得更高的生产效率。处于规模报酬不变阶段的有 260 户，占总数的 35.82%，说明这部分农户的种植规模处于最佳状态，在现有的技术和投入水平下改变种植规模是不明智的选择。仅有 7.46%的农户处于规模报酬效率递减阶段，需要通过减少种植规模获得更优的产出效率。

8.2.2　产出不足与投入冗余分析

Deap 2.1 的分析同时给出了投入和产出的松弛变量，分别表示投入冗余和产出不足的数量，这是导致家庭综合技术效率损失的直接原因，具体数值如表 8-3 所示。

表 8-3　农户马铃薯种植的产出和投入松弛变量

决策单元	收入	薯种投入	化肥投入	农药投入	人工投入	耕地投入
1	1 364.109	0	0	0	0.569	1.989
2	1 963.095	10.545	0	70.182	6.309	0
3	0	0	0	0	0	0
4	4 298.84	8	0	256	7.2	0
5	0	0	0	0	0	0
6	0	0	0	0	0	0
7	0	0	0	0	0	0
8	0	0	0	0	0.475	0
9	0	0	2 522.68	6.392	0	0
10	3 211.577	0	2 720.498	300	0	0
11	0	0	0	0	0	0
12	0	460	3560	480	2	1
13	0	560	0	400	0	1
14	0	0	0	293.666	1.684	1
15	0	0	1 449.747	0	0	0
16	0	0	827.844	1260	0	0
17	0	0	1 326.586	212.065	0	0
18	0	0	0	0	0.509	0
19	0	0	2 682.701	150	0	0
20	0	0	0	0	3.617	0

（续）

决策单元	收入	薯种投入	化肥投入	农药投入	人工投入	耕地投入
…	…	…	…	…	…	…
…	…	…	…	…	…	…
…	…	…	…	…	…	…
714	0	1 200	0	70	0	0
715	0	1 800	0	0	0	2
716	0	0	0	8.207	0	0
717	0	0	0	0	3.21	0
718	0	0	0	0	0	0.958
719	0	0	1 070.333	0	0	1.371
720	0	0	0	135.111	1.244	0
721	0	0	0	0	0	0
722	0	0	0	0	0	0
723	0	0	0	69.189	0	0.058
724	0	0	0	69.189	0	1.058
725	0	0	0	65.714	0	0.311
726	1 025.895	0	0	0	0.403	0.324

从投入冗余角度看，受相对效率测算方法的影响，各投入要素都存在不同程度的冗余值。由图 8－4 可知，冗余量最高的为化肥，有 271 户存在化肥使用过量的情况，占总数的 37.31%，这与课题组访谈中了解的情况一致。近几年农户对化肥增产的效果认同度越来越高，已经成为除种薯之外农户最重视的投入要素，甚至在部分地区出现了竞相增加化肥投入以求更高产量的现象。而马铃薯市场的扩大和价格的提高又加剧了这种情况，其户均冗余量为 411.21 元，即要平均减少 411.21 元的化肥投入。农药投入存在冗余量的农户也较多，有 217 户，占总户数的 29.85%，冗余均值为 79.87 元，即需要户均减少 79.87 元的农药投入。从调研实际情况来看，这个比例偏高，因为 DEA 是基于相对效率的测算方法，而实际上鉴于马铃薯病虫害相对较少，案例区很多农户基本不使用农药或者很少使用农药，因此测算到存在冗余的农户偏多。人工投入要素存在冗余量的农户有 142 户，占总户数的 19.41%，马铃薯相对属于低劳动密集型的农作物，对劳动力的需求量不是太大。主要集中在种植和收获两个季节，其间管理相对简单，再加上样本农户种植规模又以中等以下的居多，而家庭劳动力在 2～3 人的比例又非常高，因此存在人工投入冗余的比例

较高。种薯和耕地投入存在冗余的农户分别为 108 和 97 户，比例分别为 14.93%和 13.43%，表明种薯和耕地投入也存在一定的冗余现象，但不是最显著的要素。

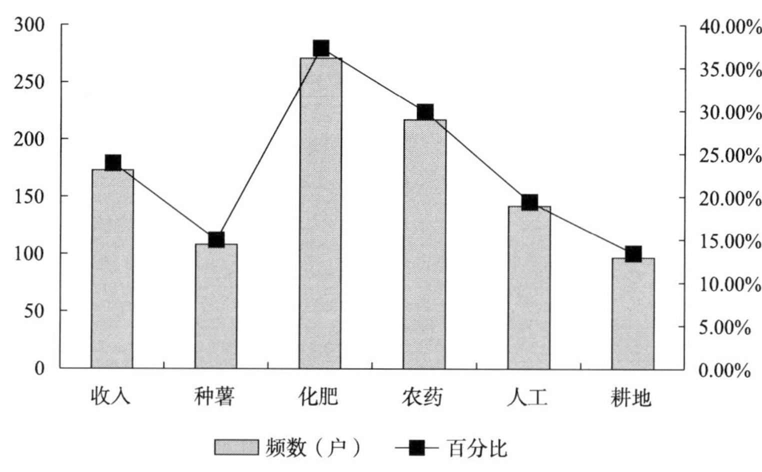

图 8-4 样本农户投入产出松弛变量情况

从产出方面来看，存在产出不足的农户有 173 户，占总数的 23.88%，表明受要素投入组合不当等各种因素的影响，有较高比例的农户存在产出不足的情况，户均应增加的产出值为 245.38 元。这是导致家庭综合技术效率值偏低的另一个重要因素。

8.3 SFA 模型的估计与分析

本部分采用 Coelli 等人开发的随机前沿生产函数估计软件 Frontier4.1 对样本农户的马铃薯种植效率函数及损失函数进行估计。马铃薯种植投入产出的数据来自表 8-3，技术效率损失函数的影响因素估计采用第七章表 7-9 中的部分数据。

8.3.1 随机前沿生产函数估计

（1）模型构建。根据 4.3.3 建立的理论框架，构建基于 SFA 分析法的农户马铃薯生产技术效率表达式如下：

$$\ln Y_i = \beta_0 + \beta_1 \ln K_i + \beta_2 \ln L_i + \beta_3 \ln M_i + 1/2\beta_4 (\ln K_i)^2 + 1/2\beta_5 (\ln L_i)^2 + 1/2\beta_6 (\ln M_i)^2 + \beta_7 \ln K_i \ln L_i + \beta_8 \ln K_i \ln M_i + \beta_9 \ln L_i \ln M_i + \beta_{10} are + \beta_{11} cir + V_i - \mu_i \qquad \text{（式 8.1）}$$

式中，i 为农户序号，Y 为农户的马铃薯年收入；K 为农户种植马铃薯过程中的资金投入，主要包括薯种投入、化肥投入、农药投入、农业机械动力费（租用或者购买柴油等费用）及临时雇工费、地膜投入费；L 为农户的劳动力投入量（兼业劳动力根据被访者提供数据进行修正）；M 表示农户马铃薯种植规模，are 为地形虚拟变量，cir 为科技园区辐射圈层变量。V_i 为随机干扰项；μ_i 表示技术效率损失；$\beta_0-\beta_9$ 为待估计参数。无效率项 μ 的分布采用截断正态分布的形式，随机前沿函数检验采用单边广义似然率检验法。μ_i 的测算公式为：

$$\mu_i=\delta_0+\delta_1X_1+\delta_2X_2+\delta_3X_3+\delta_4X_4+\delta_5X_5+\delta_6X_6+\delta_7X_7+\delta_8X_8+\delta_9X_9+\delta_{10}X_{10}+\omega_i$$

（式 8.2）

式中：X_1 表示户主年龄；X_2 表示户主受教育程度；X_3 表示家庭劳动力数量；X_4 表示马铃薯种植面积；X_5 表示是否为合作社成员，是＝1，否＝0；X_6 表示是否为龙头企业基地户，是＝1，否＝0；X_7 表示年接受培训的次数；X_8 表示是否有贷款，是＝1，否＝0；X_9 表示兼业程度（以非农收入占总收入比重代替）；X_{10} 表示同一地块是否存在比较收益更高的农作物种植选择，是＝1，否＝0。

（2）模型检验与分析。首先采用单边似然比对模型设定进行检验，模型 LR 的单边检验证值为 235.863，远大于显著性为 1%时的临界值，表明样本农户的马铃薯种植是存在技术效率损失的，不适合采用传统的 C-D 生产函数进行估计，随机前沿函数能更好地测算农户的技术效率。表 8－4 为随机前沿函数的估计结果，资本、劳动力、土地三项都与预期效果一样，均通过了显著性检验且符号为正。γ 值为 0.9566 且在 1%水平上显著，表明随机扰动项（复合误差项）的变异主要受技术非效率 μ 的影响，占总体的 95.66%，只有少部分变异是由其他外在环境贡献的。资本和劳动力参数估计在 5%水平上通过了检验，土地参数估计在 1%水平上通过了检验，表明三个投入要素都对马铃薯的产出有积极的正向影响，其中土地投入的影响突出，虽然影响系数不大，但扩大规模对农户技术效率的提高是显著的。三个投入要素的二次项方面，只有土地面积的二次项在 10%的水平上通过了 T 检验，进一步表明种植规模偏小是目前案例区马铃薯种植技术效率的重要约束条件。马铃薯是投入和产出门槛都较低的粮食作物，因此对资金的要求不太高，大部分农户现有的家庭经济状况都能满足其投入要求。相对于苹果、油菜等果蔬类的种植，对劳动力的需求也较小，因此效率损失的重要因素是种植规模的有限性，也印证了之前 DEA 分析中关于农户所处规模报酬阶段的结论。种植规模和所处圈层两个虚拟变量都在5%水平上通过了T检验，符号为正。规模较大的农户对马铃薯的生产更为重视，种薯选择、期间管理及病虫害等方面掌握了比普通农户更多的知识，农业产出效率自然也就较高。圈层虚拟变量虽然参数较小，但也表明距离科技园区较近的农户，由于在园区示范、企业基地及技术培训等方面拥有更多机会而在技术效率方面略高一筹。

表8-4 农户马铃薯种植效率的随机生产函数估计结果

变量名称	估计参数	T统计量	变量名称	估计参数	T统计量
常数项	5.612 0***	3.013 3	资本×土地	2.556 8	1.247 6
资本	0.519 0**	2.124 7	劳动力×土地	0.582 6	1.405 5
劳动力	1.376 4**	2.056 6	规模虚拟变量	0.792 2**	2.055 3
土地	0.683 2***	3.397 5	圈层虚拟变量	0.293 3**	2.256 3
资本二次项	−1.240 5	0.374 2	γ	0.956 6***	34.792 2
劳动力二次项	0.473 2	0.974 4	σ^2	0.583 3**	2.361 1
土地二次项	0.885 3*	1.811 8	似然函数值	−736.55	
资本×劳动力	−2.536 6	1.592 0			

注：*、**、***表示统计检验分别达到10%、5%和1%的显著性水平。

8.3.2 不同组别样本农户效率分布

由Frontier软件给出的样本农户的技术效率结果可知，样本农户的均值为0.7743，明显高于DEA方法的计算值，这主要是由于两种计算方法原理的差异造成的。DEA是基于相对效率的测算方法，技术效率的分值以效率为1的单元作为参照坐标，因此可能会导致普遍较低的现象，而SFA均值反映的是样本的平均效率水平。为进一步了解样本农户的技术效率分布情况，以通过显著性检验的种植规模和所处辐射圈层两个变量为分组标志，进行农户技术效率水平在各组的分布情况统计，具体结果如表8-5、表8-6和图8-5、图8-6所示。

表8-5 不同规模农户马铃薯种植效率频数及向上累计比率

农业技术效率	种植大户	向上累积频率	普通农户	向上累积频率
<0.3	5	1.52%	15	3.78%
0.3~0.4	8	3.95%	14	7.3%
0.4~0.5	6	5.78%	44	18.39%
0.5~0.6	15	10.33%	63	34.26%

（续）

农业技术效率	种植大户	向上累积频率	普通农户	向上累积频率
0.6～0.7	50	25.53%	69	51.64%
0.7～0.8	69	46.5%	71	69.52%
0.8～0.9	90	73.86%	70	87.15%
0.9～1	86	100%	51	100%
样本数	329		397	
平均值	0.802		0.746	
最大值	0.971		0.954	
最小值	0.284		0.225	

表 8-6　不同辐射区农户马铃薯种植效率频数及向上累计比率

农业技术效率	一级辐射区	向上累积频率	二级辐射区	向上累积频率
<0.3	12	3.2%	11	3.13%
0.3～0.4	19	8.27%	32	12.25%
0.4～0.5	38	18.4%	41	23.93%
0.5～0.6	43	29.87%	40	35.33%
0.6～0.7	70	48.53%	59	52.14%
0.7～0.8	67	66.4%	60	69.23%
0.8～0.9	60	82.4%	50	83.48%
0.9～1	66	100%	58	100%
样本数	375		351	
平均值	0.793		0.755	
最大值	0.971		0.967	
最小值	0.225		0.253	

为了更直观地表达不同组别农户技术效率的分布情况，采用频数和累计频率两个指标对其进行描述。由表 8-5 可见，种植大户和普通农户在不同效率水平上的分布差异显著，种植大户在高技术水平组的分布显著高于普通农户，表明种植规模与技术效率呈正相关。国内外关于规模与效率的关系已有许多研究，速水佑太郎等认为规模与技术效率关系不显著，但以 A tanu Saha 和林毅夫等为代表的许多研究者都认为农业技术与种植规模存在倒“U”关系，即规模处于中间的单元效率最高，而规模过小或过大都会增加无效率部分。本书认为关于规模与效率的判定应该视研究对象的具体情况而定，研究的目的不是为了验证普适的经济规律，而是应在对研究对象所处的发展阶段做出正确研判的

基础上，提出对其有指导作用的建议。表 8-5 的数据表明，目前案例区农户马铃薯的种植效率正处于规模递增状态，即还可以通过增加户均规模实现产出效率的增加，或者通过土地流转方式走规模化经营的路子。表 8-6 显示的是科技园两级辐射圈层的农户技术效率分组的差异，与种植规模的分组相比，两级辐射圈层农户的技术效率差异没有那么显著，但仍能明显看出处于一级辐射区的农户在高技术效率组分布更多一些。

图 8-5 为四组频数分布情况，不难看出呈两两交叉的分布趋势，一级辐射区的农户数量从 0.5～0.6 组开始超越二级辐射区农户数。而种植规模分组则表明，大户组的农户数量在 0.8～0.9 开始显著高于普通农户组，表明高技术水平组中大户占更大的比例。由于各组的总样本数存在差异，各组在不同技术水平组的频数不具备直接比较的条件。因此本书计算出各组农户在不同技术水平上的频率，然后采用向上累积法进行计算，具体结果如表 8-5、表 8-6 所示，图 8-6 为四组的累积频率分布。向上累积的频率表示小于该组上限的比率有多少，由图 8-6 可见，种植大户组的累积频率在各个技术水平上都明显小于普通农户。表明小于各组上限的频率方面，大户组的比率明显小于普通农户，即大户更多地分布在高技术组，特别是 0.8 以上水平的两组更为突出。两级辐射区累积频率的差距没有不同规模两组的差距那么大，但也可以看出一级辐射区的累积频率一直小幅低于二级辐射区的累积频率，表明一级辐射区有更大比重的农户分布在高水平组。比较明显的差异体现在 0.7～0.8 这一组，累积频率分布为 66.4%和 69.23%，表明一、二级辐射区中技术水平在 0.8 以下的农户分别占各自总数的 66.4%和 69.23%，即一级辐射区中技术效率高于 0.8 以上的农户比率方面明显高于二级辐射区。

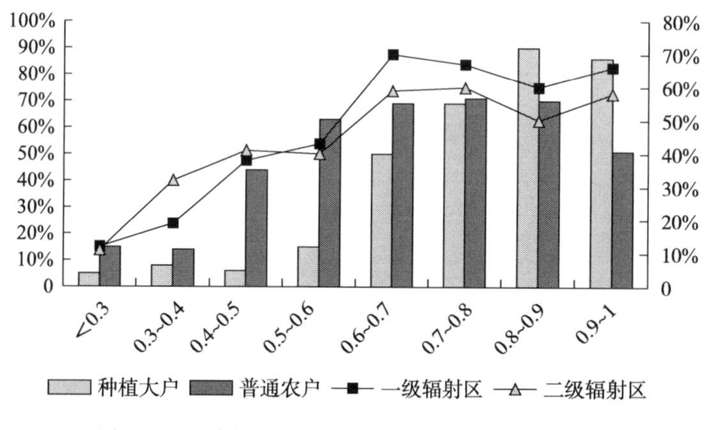

图 8-5　不同组别的农户马铃薯种植效率频数分布

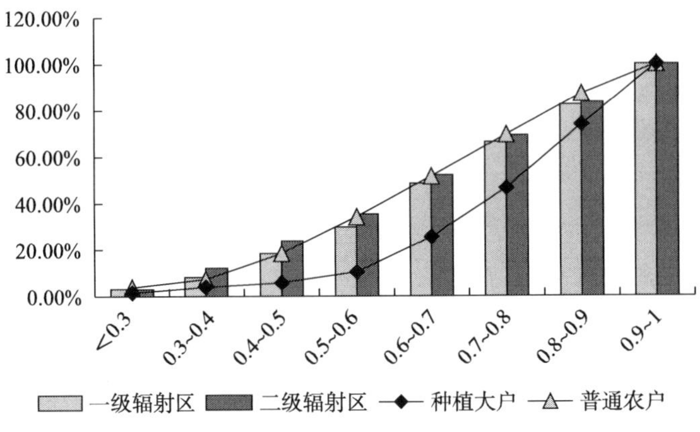

图 8-6　不同组别的农户马铃薯种植效率向上累积频率分布

8.3.3　农户技术效率损失影响因素估计

由全体样本农户的技术效率均值 0.774 3 可知，存在 22.57%的技术效率损失，即从理论上讲，如果去除技术非效率因素的影响，保持现有的技术水平和投入水平不变，将有 22.57%产出的增加值。虽然现实生产过程无法达到理论上的技术水平，但通过了解影响技术非效率的因素，可以优化可控的变量，提高案例区农户马铃薯种植的效率水平。对公式（8.2）的参数进行估计，10 个设定变量中有 7 个通过了显著性检验，结果如表 8-7 所示。

表 8-7　农户马铃薯种植的非效率影响因素估计结果

变量名称	估计参数	T 统计量	变量名称	估计参数	T 统计量
常数项	1.653*	1.713	龙头企业基地户	−1.558**	2.492
户主年龄	1.775	1.377	参加培训次数	−0.048*	1.705
受教育水平	−0.254*	1.826	信贷条件	0.547	1.236
劳动力数量	−0.894**	2.203	兼业化程度	0.674***	3.084
种植面积	−1.368**	2.886	高收益替代作物	1.325***	4.653
合作社成员	−0.375	0.823	log 函数值	−729.682	—

注：*、**、***表示统计检验分别达到 10%、5%和 1%的显著性水平。

（1）参数值为负数的变量分别为受教育水平、劳动力数量、耕地面积、龙头企业基地户和参加培训次数，表明这些因素对技术损失存在负向的影响，即对技术效率有正向推动作用。受教育水平变量在 10%水平通过了 T 检验，表明受教育水平较高的农户在获取技术信息和技术运用方面较教育水平低的农户更有优势，因此马铃薯种植效率较高。劳动力数量的影响也较为明显，这在兼业农户中非常显著。调研中了解到，大部分兼业农户都是青壮年外出打工或从事非农生产，留守从事马铃薯种植的多为家庭妇女和老年人，受劳动能力、决策能力等方面的限制，他们对农业技术的掌握能力较差。另外由于非农收入的增加，家庭对马铃薯种植收入的依赖大大降低，因此他们在主观意愿上也缺乏精心耕作动机，现实中往往表现为随意播种、不重视品种更新、期间管理松懈等，从而导致种植效率低下。种植面积变量在1%水平上通过了检验，系数为－1.368，表明种植面积每增加1%，效率会有1.368%的提高。这与前文分析一致，从总体上看，目前案例区马铃薯户在种植规模上有待提高。是否属于龙头企业基地户变量影响显著，回归参数为－1.558，是所有通过检验的参数中绝对值最大的，表明被纳入龙头企业的基地户对农户的马铃薯种植效率有显著的提高作用。调研中发现，企业和农户的合作大多有较为规范的合同约束，农户有给企业提供高质量马铃薯的义务，而企业则给农户提供良种（分为免费和购买两种）、农业资讯和技术培训与指导等服务，企业的综合技术优势与中国传统小农精耕细作的结合使农业效率大为提高。参加培训的次数回归参数绝对值最小，表明参加培训多少对马铃薯种植户技术效率的影响不太显著。

（2）兼业化程度和同一地块是否存在其他高收益替代作物的选择两个变量都在1%水平上通过了检验，回归参数为正，表明其对农户的种植效率损失有正向影响。兼业化程度高的农户由于非农收入增加，对农业收入的依赖性降低，由此带来粮食种植的积极性和重视程度都大为减弱。此外，兼业劳动力与农业劳动力本身就存在很高的同一性，兼业劳动力投入大就意味着农业劳动力的减少。是否存在高收益的替代作物回归参数更高，表明其对农户技术效率的影响更大。以陇西县首阳镇首阳村为例，陇西县为著名的中草药基地，也是首阳镇的支柱产业，首阳村也有部分农户种植马铃薯，但基本限于自家食用，绝大部分耕地用于比较收益更高的中草药种植。其亩均收入在4 000～12 000元之间，而马铃薯的亩均收入最高也就4 000元，大多数农户很显然会选择中草药的种植。而少量耕地面积的马铃薯种植户受重视程度不够和种植环境欠佳的影响，技术效率明显低于马铃薯集中产区的农户。

（3）户主年龄、是否为合作社成员、信贷条件三个变量没有通过检验，户主年龄变量设置的假设是年龄越大，采用新技术的积极性相对较低，因而可能会影响技术效率。而在调研中发现，户主年轻的家庭的确更容易采用新技术，但年龄较大者一方面作为采用跟随者，在看到技术的效果后也会很快采用，再加上平时精细化管理投入比年轻者多，因此其技术效率差距并不明显。当然，此现象也可能跟马铃薯技术相对单一、难度较低有关。合作社成员与普通农户间的技术效率差异也不显著，这同样与原假设相反，调研中发现，案例区内很多村都设有合作社，但相当一部分合作社并没有尽到应有的组织、培训及信息传递等服务职责，以至于很多农户只记得签了字，加入了某某合作社，但到底对自己的马铃薯种植和销售有多大帮助则不清楚，许多合作并没有真正发挥应有的作用，对农户技术效率的影响也就无从谈起。此外，访谈中也了解到，农户贷款从事马铃薯生产的比较少，部分贷款农户也是用于农业机械购置甚至是非农投入，所以此变量也没有通过显著性检验。

8.4 技术采用生计效应典型案例分析

采用现代农业技术在提高农业产出的同时，会间接地对农户的生计资产和生计策略产生影响，了解这些影响对技术扩散有重要的借鉴价值，本部分运用SL分析框架对农户采用现代马铃薯技术的生计效应进行分析。由于农户间的生计资本数量、结构、组合能力存在较大差异，即农户采用技术的生计基础差别较大，不适合大样本的分析方法。因而采用个案分析法，选择定西市两个马铃薯种植典型村进行深入访谈，在比较中探讨马铃薯技术采用对案例区农户生计的影响。

8.4.1 样本村农业技术采用情况

（1）区位、人口与经济状况。景家口村位于定西市安定区凤翔镇，该镇拥有耕地13.7万亩，人均3.1亩。辖区内共有27个行政村，223个村民小组，11 007户、44 477人，每平方公里164人。平均海拔1 883米，年降水量为350～400毫米，年平均气温6.3℃，无霜期142天，平均日照2 500小时，非常有利于马铃薯的生长。镇内有南川万亩马铃薯标准化种植基地，北起石坪，南至景家口，南北跨度14公里，涉及5个行政村23个村民小组，共有883户，人口为4 062人。种植品种多为新大坪和陇薯3号，马铃薯收入是当地农业收入的主要组成部分。景家口村位于凤翔镇东北方向，省道209和连霍高速分列东西两边，交通较为方便，由于邻近主城区，特别是受近几年凤翔镇镇域建设的影响，村域经济呈现较为明显的城乡结合部特征，农户生计方式较为多样。全村有8个村民小组，800余户农家，耕地面积约有4 000亩，林地约1 500亩。该村70%以上为兼业户，纯农户较小，且多为老年空巢家庭。

牛营村位于定西市安定区东南部杏园乡，安定、陇西、通渭三县交界部位。海拔 2 000～2 505 米之间，气候条件与凤翔镇类似，该乡拥有耕地面积 5.13 万亩，辖区内共有 9 个行政村 76 个村民小组，总人口 8 445 人。该乡处于丘陵地区，交通条件相对较差，农业为其支柱产业，尤以马铃薯产业为主，近年来通过建立基地、塑造品牌和争取订单的方式不断推进马铃薯产业的发展，此外，由于地处丘陵地带，山区陡坡较多，因此还是安定区退耕还林的典型乡镇，在此基础上大力发展畜草业，促进了养殖业的发展，农户的农业收入比重较高。牛营村为杏园乡 3 个拥有 7 000 亩的新大坪良种基地的行政村之一，地处杏园乡南部的丘陵地区，交通条件较差，临近的公路仅有安定区到通渭县的县道 093 号公路。全村共有耕地面积 4 000 亩，林地约 2 000 亩，耕地中马铃薯种植面积有 1 200 余亩。全村共有 240 户，人口有 996 人，兼业户中外出打工者约有 80 余人；受退耕还林政策的影响，改变了传统的放养畜牧养殖模式，加上畜草业发展和政府补贴的推动，圈养牛、羊等牲畜的农户比例越来越高，畜牧业收入也成为农户的重要收入来源。

（2）农作制度变迁。农作制度是指一定的自然地域单元中，农户在长期的农业生产过程中经过不断地调整与选择，最终形成的种植作物类型、耕作模式及各种农业技术在内的农作体系。农业技术是其重要组成部分，其演变对推进区域农作制度的更新有重要作用。两个村传统的种植作物较为类似，受当地水源条件的限制，2000 年之前种植作物较杂，呈现粮食作物和各种杂粮混种的状况，玉米、马铃薯、燕麦、莜麦、大豆、豌豆、扁豆、胡麻（油料作物）、荞麦等混种，多数农户在自家的菜园子种植番茄、黄瓜、茄子、辣椒等蔬菜供自家食用。囿于品种、耕作技术及土壤、水资源条件的限制，杂粮的产量都非常低。以马铃薯为例，传统马铃薯的亩产大部分在 1 000 千克以下，而采用脱毒薯种和地膜覆盖等技术后，现在亩产在 2 000～4 000 千克之间，个别年份的最高产甚至达到亩产近 5 000 千克。

景家口村由于临近安定市区的国家农业科技园，接受马铃薯技术的推广较早，自 2004 年起就开始大力推进马铃薯的种植，随着技术的成熟和规模效应与挤压效应的显现，马铃薯逐渐成为主要的粮食作物。而其他杂粮种植面积越来越小，且多为自家食用，其间也有农户尝试过柴胡等中草药的种植，但受到野生动物的破坏，产量很低，最终因技术不成熟和销路等方面的限制最终没有发展起来。牛营村距离定西国家农业科技园较远，交通不方便，所以马铃薯新技术是在 2010 年才开始进入该村，此后马铃薯逐渐成为该村种植业的主要作物。该村养殖业方面也有较大变化，政府从 2012 年开始通过贴息贷款和技术培训等方式鼓励农户从事牛羊圈养产业，务农户大多都有规模不等的养殖业收入。

(3) 农业技术采用历程。由以上作物种植类型的演变过程可知，两个村同为安定区的马铃薯主产村，但因与园区距离及交通条件不同而在马铃薯技术的采用方面存在显著的时间差。本书以这两个技术接受阶段不同的村落为分析对象，可以更清晰地梳理出技术的扩散进程，并能在技术接受前后对比分析中考察技术的采用效应。

景家口村从2004年开始接受现代的马铃薯相关技术，主要的技术有良种技术（最新的为脱毒薯种技术）、新农药（如晚疫病防治药等）地膜覆盖技术、机械动力技术（覆膜机、微耕机及三轮车）等。品种方面经历了自家留种—部分购买（部分留种）—全部购买的过程。在种植马铃薯初期，由于种植规模较小，重茬和病菌交叉感染的机会比较小，再加上对产量本身要求就不高，自家留种又是优中选优，因此这种方式还能勉力维持。但随着种植面积的增大，重茬现象严重，加上原种需求量剧增，自家留种的方式使产量大为降低，无法与购买的原种或原原种相比，因此购买科技园区（经销商）的种子技术逐渐取代了自家留种的模式。伴随规模种植优势出现的还有病虫害的威胁，2006年以来多次发生严重病害，最极端的是2012年暴发的晚疫病，导致马铃薯大面积减产严重，相当一部分农户的收成不及往年的1/4，虽然收购价格较高，但还是给当地带来巨大的经济损失。因此农户对农药的重视程度越来越高，从最开始的基本不施药，到如今从种植到收获的整个过程中要进行多次施药。2005年以前农户家中养牛的比例较高，牛主要承担犁地、播种等任务，收获后的运输也以牛车或人力车为主，即在机械动力设备购置之前，村里农业生产的动力主要靠人力和畜力。2005年以后景家口村农户中拥有农用三轮车、微耕机和地膜机的比例开始逐年增加，一方面是由于家庭支付能力提高，政府的补贴政策也是一个重要因素。以购买微耕机为例，单台价格在2 000～3 000元，省、县两级补贴超过1 000元，约占购买总额的40%，因此机械动力逐渐取代了人力和畜力。牛营村接受的马铃薯种植技术类型与景家口村基本类似，但主要技术均是在2010年以后才开始引入的。此外，乡政府从2012年开始推广圈养牛羊技术，每年多次组织畜牧养殖培训班，大大提高了当地农户的养殖技能，丰富了农户的生计来源。

8.4.2 技术采用对农户生计的影响

(1) 样本村农户生计类型分析。根据农户拥有不同生计资产的数量和结构可以将农户划分成不同的生计类型，这是农户以往生计策略选择的结果。因此本章在探讨样本村农业技术对农户生计的影响时，先对技术采用影响的综合结果即农户生计类型进行界定，然后按“由果溯因”的思路进行针对性地分析。关于农户生计类型的划分已有许多成果，如富裕、中等、贫穷三分法，粮食需求型、粮食和利润协调型、利润需求型三分法，纯农户、一兼业户、二兼业户、非农户四分法等。本书参照以上分类方法，结合案例区特别是两个样本村的实际情况，将其农户生计划分为纯农户、兼业户和非农户三大类，纯农户分为纯种地和种养结合两个亚类，兼业户分为资本兼业和技术兼业两个亚类。

两个样本村的农户生计类型有较大差异，景家口村农户生计多元化程度显著高于牛营村，根据自己调研和与村干部交流所获信息，景家口村纯农户、兼业户和非农户的比例大致为16%、73%和11%，纯农户中80%为子女分家独立的空巢老人，受体力和精力的限制，仅靠有限的种植收入为生，从事养殖业的农户较少。兼业户中以技术兼业为主，包括外出从事建筑、餐饮、木工、服装等行业，本地受雇于他人从事货车司机、出租车司机、维修工等工种居多。资金兼业的较少，个别户从事农资经营、日用品商店等。牛营村纯农户、兼业户和非农户的比例大致为66%、25%和9%，受政府推广畜牧养殖技术的影响，纯农户中有近70%为种养混合型生计，兼业户中以外出打工为主，相当一部分为建筑、零工等体力型工种，本地兼业的较少。

(2) 对自然资本的影响。自然资本中与农户生计密切相关且具有可塑性的主要是土地资源，两个样本村中园地的比例很小，主要是耕地和林地，其中以耕地对农户的生计影响最大。根据案例村的实际情况，主要从农户马铃薯种植规模、马铃薯种植效率、马铃薯种植的环境效益三个方面分析农业技术对样本村自然资本的影响。马铃薯种植规模方面，2003年起两个村受退耕还林政策的影响，将约1/3的相对较陡的坡地改为了林地，整体层面马铃薯种植面积受退耕还林政策影响有所下降。但在调研中发现，随着马铃薯产量和价格的升高，农户垦荒的面积较多，客观上增加了马铃薯的面积，个别农户的垦荒田甚至接近15亩。现代马铃薯技术取代传统种植技术，大幅提高了单位耕地的产出效率，增加了当地自然资本的产出率，提高了自然资本的转换价值。对现代农业技术的环境效应有一个较为普遍的观点，即化肥、农药、机械动力等的过量使用会造成土壤板结、腐殖质降低，加剧环境污染等问题。调研中发现这种情况的确存在，这是现代技术不可避免的负效应，但农户在耕作过程中也注意对耕地的保护，如通过保墒、轮作、间作等方式恢复地力，化肥、农药等化学要素的污染也在可控范围内，马铃薯种植对自然环境的不利影响更为突出的是废弃地膜的污染问题，图8-7为调研过程中所拍。

图 8-7　案例区地膜使用及污染状况

所幸的是，在跟定西市马铃薯办陈主任沟通时得知，地方政府已经认识到了这个问题，正在通过加大处罚力度和广设废弃地膜回收站的方式予以解决。

（3）对人力资本的影响。人力资本在五种生计资本中处于核心地位，其他四种资本对农户生计的影响高度依赖人的组合和挖掘能力，农户拥有人力资本的高低主要包括数量和质量两个方面。人力资本的增加包括数量的增长和质量的提高，质量可以从受教育水平、健康状况和技能水平等方面进行考察。从样本村接受马铃薯技术后人力资本的变化情况来看，对数量方面最大的影响是改变了劳动力在不同产业的分布，前文分析指出，现代马铃薯技术具有显著的节约劳动力的特征，节约下来的劳动力大量流入城市地区从事非农产业，减少了本地第一产业劳动力的存量，景家口村与牛营村在劳动力转移方面的梯度也进一步证明了这个结论。人力资本的质量方面，现代马铃薯技术采用对农户直接的影响是各种技能培训提高了其技术认知和使用能力，并最终通过物质资本增加和生活水平的改善间接地提高了其健康和受教育水平等方面的素质。景家口村农户在接受现代马铃薯技术的十年内先后参加过马铃薯切种、栽培、保墒、病虫害防治以及农机操作方面的培训，接受培训后的农户在马铃薯耕作过程中，通过交流、信息技术共享等方式建立起新的“地方空气”，通过示范、带动、传授的方式使整个村落劳动力的技能水平得到提高。牛营村农户在近几年内除接受了与景家口村类似的技术培训外，还接受了政府组织的养殖技能培训，所掌握的技能类型与时间长短促成了其与景家口村生计类型的分异。

（4）对金融资本的影响。金融资本是指农户拥有或支配金融资源的能力，往往从现金、存款及贷款机会等角度来考察。景家口村兼业户比例很高，农户收入来源渠道多，牛营村除部分兼业户有非农收入外，大部分家庭还有规模不等的养殖业收入，具体界定农业技术对农户总收入的影响比较难。因此仅以是否采用现代马铃薯技术的毛收入为例，分析技术采用对农户金融资本的影响。

案例：农户是否采用新技术种植马铃薯成本收入对比情况分析

采用新技术种植一亩马铃薯的投入产出情况如下：

投入：良种投入（400 元）＋地膜投入（120 元）＋农药（200 元）＋机械动力燃油费（200 元）＝920 元；产出：2 500 千克×0.5 元/千克＝2 500 元（亩产量和价格为案例区各种薯种和地块的平均概数）。毛收入为 2 500－920＝1 580 元。

而个别老农不愿意投入各种费用，仍采用自家留种的方式种植少量马铃薯自用，其亩产量约在 750 千克，市场价约 0.8 元/千克，毛收入为 600 元。两者亩均收入差距为 980 元。此投入产出分析为大概测算，一是没有计算两者都需要的劳动力投入成本，二是没有考虑农机具损耗的亩摊费用（原因有二：一是难以均摊，二是与普通耕作相比节约的劳动力可以获得从事其他行业的潜在收入）。

由上述案例的投入产出分析情况可见，采用现代马铃薯技术对农户的收入有显著的提升作用，对其现金和存款有正向影响。此外，新技术节约了大量劳动力，这些劳动力流入其他行业的创收可以认为是技术通过间接的方式对家庭金融增长做出了贡献。最后，当地在推广农机设备时配有省、县两级补贴，以贴息贷款的方式推进农户养殖技术的采用，这些也都大大提高了案例区农户的金融资本。

（5）对物质资本的影响。物质资本多是指有形的设施设备，是满足农户生活和生产必需的物质基础，如房子、交通工具及生产工具等。工业化和城市化的进程推进了整个社会的物质装备水平，对于贫困地区的农户来讲，物质资本的提高是其摆脱对自然资源依赖和限制的重要途径。由于家庭各种生计来源对其物质资本的累积都有贡献，很难界定现代马铃薯技术采用对农户物质资本的贡献程度。不过，对两个物质资本基础类似，但现代马铃薯技术采用存在明显时间差的村落农户的物质资本进行对比，可以大致判断技术采用对农户物质资本的影响。在住房方面，景家口村80%左右都是砖房，牛营村只有20%左右；景家口村约有20%的农户拥有家庭轿车或面包车，牛营村只有不到10%的比例；景家口村拥有三轮车和摩托车的家庭约占60%，牛营村大约为80%；微耕机每村有十几台。由以上数据可见，景家口村拥有高档物质资本的农户比例明显高于牛营村，而牛营村则有更多的农户拥有三轮车、摩托车等价格较低物质资本。虽然景家口村物质资本水平高与其兼业户和农业收入高有较大关系，但从前文分析来看，现代农业技术在很大程度上解放了劳动力，实际上通过增加兼业劳动力的方式间接地对农户物质资本的提升做出了贡献。

（6）对社会资本的影响。社会资本是一种无形资本，是指农户拥有的社会身份、资源及融入社会群体的能力与机会，是五种生计资本中最难测度的。有的学者将其分为结构型社会资本和认知型社会资本，前者包括血缘、地缘等以及由法律、规则、程序等构建的社会网络，后者主要是由信任、团结、合作等个人魅力产生的公信力和影响力。目前对农户社会资本变化的研究主要集中在两个较易观测的指标上，即“是否参加合作社”以及“家庭成员中是否有村干部”。本书认为应该从更基础的角度入手，即技术采用对传统农村社区“熟人社会”的冲击来看农户社会资本的变化。费孝通在《乡土中国》中指出，传统的乡村社会是以个人为中心，通过血缘、地缘等关系组成的小圈子，在景家口村调研中发现，现代马铃薯技术被引入后，这些小圈子逐渐被以利益和权责为纽带的新圈子所取代。掌握新技术的劳动能手取代了村里的种粮老把式成为技术权威，制度化的协会组织和各种技术培训成为技术扩散的主渠道，以缴纳费用、签订合同等方式明确各自的权利和义务，在共同利益的基础上进行技术共享和生产合作。这样就将市场经济的法则引入到农村社区，重构了个体间的交往规则，提高了与外部社会的交流机会和能力，在打破原有秩序的基础上增强了适应现代社会的资本。与此同时，在建立新秩序的过程中，随着原有社会资本和社会秩序的瓦解，农村社区也面临着较大挑战，如劳动力大量外流、金钱至上的价值观等现象逐渐凸显，亟须加强对这些负面社会效应的测度与应对调控。

8.5 本章小结

本章主要进行农户技术采用后效应分析，包括技术效率分析和农户生计效应分析两个方面。技术效率分别采用数据包络分析和随机前沿生产函数两种方法进行分析，技术采用的农户生计效应采用典型案例分析法。主要结论有：

（1）数据包络分析（DEA）的主要输出结果包括决策单元综合技术效率、

纯技术效率和规模效率三个指标，在本书中的含义为农户马铃薯种植的综合效率、要素配置效率和土地规模效率，具体结果如下：①样本农户的家庭综合技术效率偏低，均值仅为 0.546，纯技术效率的均值稍高，规模效率均值为 0.851，为得分最高者，三个技术效率指标表明，案例区马铃薯种植户的技术效率存在较大的优化空间；②从农户的家庭综合技术效率分组来看，效率值在 0.3 以下、0.3～0.5 和 0.5 以上的比例分别为 29.61%、30.04%和 40.35%，总体效率偏低；③农户的纯技术效率分组显示，35.82%的农户效率值为 1，56.75%以上的农户处于 0.5 以上，表明总体上样本农户的纯技术效率优于综合技术效率；④规模效率值的分组情况为，37.31%的样本农户效率值为 1，仅有 10.45%的农户效率值在 0.5 以下，表明样本农户的马铃薯种植具有较高的规模效率水平；⑤从所处规模报酬阶段来看，有 56.72%的农户处于规模报酬递增阶段，可以通过增加种植规模实现技术效率的提升，仅有 7.46%的农户处于规模报酬效率递减阶段；⑥投入和产出的松弛变量分析表明，案例区农户种植马铃薯的各投入要素都存在冗余现象，其中以化肥和农药最为显著。此外，有近 1/3 的农户存在产出不足的现象。

（2）基于 SFA 方法的分析表明：①样本农户的技术效率均值为 0.7743，随机前沿生产函数估计中资本、劳动力和土地三项投入都在 5%水平以下通过了 T 检验，表明三项要素均对技术效率有正向贡献，其中土地变量的显著性最高，表明其对效率的影响最大；随机扰动项的变异主要受技术非效率 μ 的影响，占总体的 95.66%；种植规模和所处辐射圈层两个虚拟变量都通过了检验，规模较大和处于第一辐射区农户的技术效率要高于规模较小和第二辐射区的农户。②从农户技术效率不同组别的分布情况来看，按种植规模分组的农户效率差异显著，大户组的农户更多分布在高技术水平组，大户和普通农户两组中技术效率在 0.8 以上的农户比率分别为 53.50%和 30.48%；一级辐射区农户的技术效率小幅高于二级辐射区，技术效率在 0.8 以上的农户分别为 33.60%和 30.77%。③技术效率损失函数的估计表明，户主的受教育水平、劳动力数量、耕地面积、是否为龙头企业基地户和参加培训次数 5 个变量对技术效率有正向促进作用，家庭兼业化程度和同一地块是否存在其他高收益替代作物的选择这两个变量对技术效率有显著的负向影响。

（3）DEA 及 SFA 两种方法测算的农户技术效率均值分别为 0.546 和 0.7743，SFA 方法较高的技术效率均值表明案例区农户的技术投入要素配置较为合理，但 DEA 方法的结果则显示，大部分农户与少数效率最佳的农户相比技术效率普遍较低。因此，在一定程度上验证了舒尔茨关于小农经济很容易陷入“低水平陷阱”效率的论断。

(4) 典型村马铃薯技术采用的农户生计效应分析表明：技术采用大大提高了农户自然资本的产出效率，对环境造成的污染是可控的；对人力资本的影响主要体现在两个方面，一是改变了劳动力在各行业的分配格局，二是提高了农业从业人员的技能水平；对金融资本的影响主要体现在由马铃薯单产提高所带来的收入增长方面，另外，技术解放出劳动力从事非农生产及政府为推广新技术的配套贷款也提高了农户的金融支配能力；技术采用对农户金融资本的提升最终促成了物质资本的赋存增加，两个先后接受马铃薯技术村的农户物质资本存在显著差异；技术采用打破了传统的“熟人社会”网络，重构了以利益优先和责权对等为特点的新型交往关系，农户在此变革中也提高了融入现代社会的资本和能力。

9 对策与建议

此前章节通过对调研数据的统计分析及模型验证，分析了定西农业科技园与其辐射区农户间的技术联系，总结了农户技术采用前、中、后三个阶段的采用特征及规律，同时也发现在科技园技术扩散机制、农户的技术认知、农业技术市场的监管等诸多方面还存在一定的问题，本书基于此提出如下旨在促进定西科技园农业技术扩散的对策与建议：

（1）构建以农户为中心的农业科技园技术扩散系统。系统是由相互联系、相互制约的若干组成部分结合而成的、具有特定功能的一个有机整体[189]。系统功能的发挥依赖于系统各要素的有机组合，形成良性互动的系统结构，进而通过内部物质、信息等要素的顺畅流动实现系统功能的最大化。许多研究都指出，目前的农业技术扩散系统在一定程度上存在农户需求重视不够、需求反馈渠道不畅及行政强制等问题，表明系统存在结构失衡、要素流动不畅和系统功能受限等问题。基于前文对农户技术采用过程的研究，从农户技术需求的视角，重视技术扩散双方的反馈互动作用，对当下农业科技园技术扩散系统重构进行初步探讨。

①理论基础分析。鲍尔在《固执的受众》一文中提到，以往传播关注的是“信息如何作用于受众”，而现在的焦点是“受众如何使用信息”。本系统以使用与满足理论作为系统重构的理论基础，其强调公众对于大众传播的主导作用，认为公众通过对媒介的使用选择制约着媒介传播的过程和效率，并认为公众使用媒介完全基于个人的需求和愿望。所谓使用与满足，即受众使用大众媒介以满足自身内心诉求，颠覆了传统传播学研究中将受众置于被动接受地位的思路，认为以“传播”影响和改变受众的理念是不正确的。

②构成要素分析。本系统包括农业科技园、农户、农业技术、农户技术采用过程分析子系统、农业技术传递子系统和农户技术需求反馈子系统 6 个基本要素，具体的系统结构如图 9－1 所示。

农业科技园是扩散系统的主导者，包括科技园本身及其二级技术扩散机构，如农业合作社及农业龙头企业等。主要承担以下三个方面的任务：一是农业技术的集成与研发，从高等院校及科研院所等技术研发中心选择能够满足当

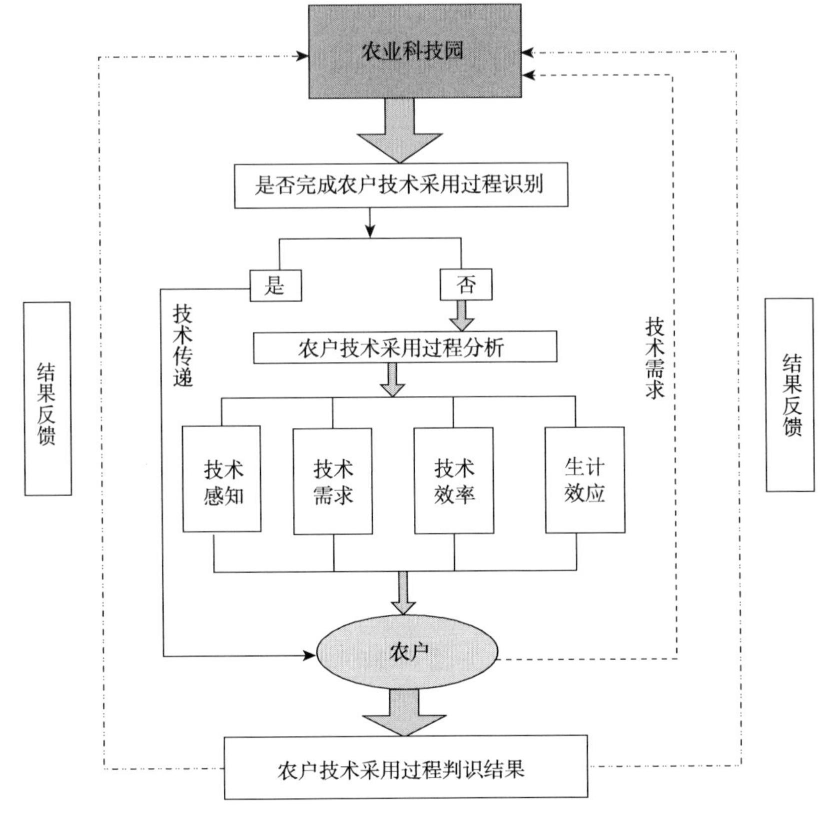

图 9-1　以农户为中心的科技园技术扩散系统

地农业生产需要的技术，在承担技术熟化任务的同时也通过自身的技术中心进行自主研发；二是对当地农户技术采用过程的把握及农户技术反馈信息的接收，通过对农户技术采用前、中、后的判别及农户的需求反馈，了解农户的技术需求类型，以提供有针对性的技术服务；三是要根据辐射区农户及扩散环境的特点进行技术编码并选择合适的扩散渠道，提高农户对新技术的信息可得性及易识别性。

农户是农业科技园技术扩散的对象和技术的最终采用者，也是科技园技术扩散系统的中心。与传统科技园技术扩散系统不同的是，本系统中的农户已经不是被动接受农业技术的传统农户，而是具有充分自主权和话语权的技术采用者，其技术需求类型以及技术使用过程中需要解决的问题都可以通过畅通的渠道反馈给科技园，这就克服了传统扩散系统技术、信息单向传递，缺乏反馈而导致扩散效率低下的弊病。

农户技术采用过程分析主要是对农户技术采用前的技术感知和采用倾向，技术采用中的技术需求及决策影响因素，技术采用后的技术效率及生计效应等进行测度与评估，评估结果可对科技园的技术研发、技术选择、技术培训及技术传递等提供有益参考；农业技术传递是本系统技术流动的主要路径，其传递的效率是衡量整个系统功能的重要指标，且其是以对农户需求及技术采用全过程分析为基础的，势必会大大提高技术传递的针对性和有效性；技术需求反馈子系统是农户基于自身农业生产实践，主动向园区及其相关技术扩散机构提出的技术需求意愿及技术问题反馈，科技园应当充分重视农户的技术反馈，及时做出解答并进行技术扩散的优化。

③主要特点分析。本系统是在总结当下农业科技园技术扩散中存在的问题并结合前文研究提出的，旨在对传统单向度的农业技术扩散范式进行重构，建立基于技术供需双方互动合作的环形传播模式，其主要特点有：

反馈互动性。技术扩散的学习论认为，农户采用技术过程是一个不断学习的过程，大部分农户只有当其掌握了足够的技术信息和技能时才会做出采用决策。而对传统的技术扩散系统诟病最多的就是缺乏互动，农户的需求意愿得不到倾听和重视，专家权威和政府行政主导着技术扩散的过程，缺乏互动沟通是农户技术学习和认知的巨大障碍。本系统重视农户的主体地位，一方面通过畅通的渠道与农户进行技术需求交流及答疑互动，另一方面通过对农户技术采用过程的分析，掌握辐射区农户的技术感知、需求及使用效率等方面的特点，将大大提高技术扩散的速度和效率。

扩散主体具体化。以农户为中心的农业科技园扩散系统，实际上解决了我国农业技术扩散过程中扩散主体“虚位”的问题。明确了农业科技园和农户的地位和责任，农业科技园及其技术扩散机构负责技术研发、集成与扩散，辐射区农户是农业技术的最终采用者和受益者。明确了农业技术扩散的主体和客体，也就明确了农业技术扩散各方的责、权、利，有利于农业技术扩散效率的提高和考核评价等工作的开展。

区域适应性。本系统是适用于特定的农业科技园及其辐射区的农业技术扩散系统。农业科技园本身就是针对独特的地域环境下的农业生产区而设立的，区域内的农业生产条件、耕作品种和耕作方式往往有很大相似性，对农业技术的需求也有显著趋同性。因此，以农业科技园及其辐射区为技术扩散基本空间的扩散系统具有本地适应性特点，且具有较强的反馈机制，能够及时解决农民在技术使用过程中遇到的问题，农民在农业生产中积累的经验和发现也可以反馈给园区专家，帮助他们进行技术研发及熟化。扩散系统区域化的特征大大提高了高新农业技术的本土化率及扩散效率。

（2）加大对农业科技知识的普及力度，提高农户对农业技术的感知程度，并推进对农户技术感知的测度与管理。具体应做好如下工作：

①提高农户对农业技术收益及总体价值的感知水平。从样本农户的农业技术收益及价值的感知均值来看，两者分别为3.412和3.766，虽然排序分列6个潜变量的第4和第1位，但是与最高值5分相比，仍存在较大提升空间。而进一步的技术感知对其采用倾向的研究指出，感知收益与综合的感知价值是影响农户技术采用的最重要因素。因此，应通过各种途径加强农户对农业技术收益及总价值的认知，以促进其对农业技术的认可与采用。

②增强农户对技术使用后可能存在的环境问题的认识。本书认为，技术风险感知包括技术使用收益的不确定性和可能给当地农业生产环境带来的挑战两个方面。从风险感知的相关测量指标来看，农户对假技术给农业收入带来的损失非常敏感，但对其可能存在的环境风险问题认识不够，这种认识上的欠缺造成了许多地方因过量使用化肥、农药等而导致的土壤污染和板结等问题。因此，应当提高农户对技术使用可能带来的环境问题及其危害性的认识，从技术采用者的意识上做好技术使用的环境风险控制。

③提高农户对技术的健康风险的感知水平。样本农户技术健康风险的感知均值为2.938，为6个潜变量中得分最低者。本书对农业技术健康风险感知的界定主要包括两个方面，一是农户对技术使用过程中可能给自身带来健康风险的感知，二是对技术使用后对农产品质量安全可能带来潜在威胁的感知。较低的得分表明农户对农业技术在这两个维度上的认知水平很低，在一定程度上存在对自身及消费者安全的漠视，这也是导致目前农产品质量安全事件频发的重要原因。因此，应当加强对农户技术采用的健康风险意识的教育，提高其对技术使用不当而导致的潜在威胁的认识，保护自身和消费者的安全。

④英国皇家学会在《公众理解科学》一书中，认为公众对科学的理解与认知是科学有效传播的重要前提，应当加强对“测度公众理解科技方法”的研究，在此基础上找到提高公众科学素养的途径[190]。前文的农户技术感知及其对采用倾向实证研究表明，农户技术感知的整体水平较低，且各维度对采用倾向存在显著的差异性影响。因此，在努力提高农户对技术的认识水平的同时，应当注意对其测度方法的研究并付诸实践，以及时掌握农户在不同技术扩散阶段的技术感知及采用规律，为促进农户技术采用提供有益的参考。

（3）完善农业技术监管机制，确保农业技术质量及其偏公益性的特点。前文分析表明，农户对农业技术的价格和质量较为敏感，且两者对技术采用倾向均有较为显著的影响。因此应采取措施降低农户关于技术价格和质量方面的成本感知：一是坚持农业技术研发以政府为主的投入机制，同时加大对农业技术市场价格的监控，并辅之相关的优惠和补贴政策，保证农业技术特别是已经熟化的大众农业技术的公益性特点，降低农户对技术成本的感知；二是要加强对农业技术质量的监督与查处力度，杜绝假冒伪劣农业技术，保障农业技术质量和农户权益，降低其技术风险感知对采用行为的负向影响。

（4）密切科技园与农户间的技术联系，提高对农户技术服务的针对性和有效性。调研数据显示，样本农户对科技园的知晓率仅有56.75%，矫正的实际接受服务比率为70.36%，且接受的服务多是良种、农药等物化的技术，对于测土配方、期间管理等精细化的技术服务供给数量严重不足。因此应做好三个方面的工作：一是要加大科技园及其技术服务的宣传力度，让农户了解科技园及其技术研发与服务的情况，增强其主动寻求技术支持的意识；二是要重视对农户生产要素配置效率的指导，两种技术效率测算方法得出的效率均值以及纯技术效率值都表明，样本农户马铃薯生产过程中还存在非常大的技术效率提升空间，因此要推进对农户生产要素配置效率的指导；三是要注重对不同地区、不同类型农户技术需求优先度的调研，进而进行差异化和针对性的技术服务供给，以提高园区技术服务的质量和总体水平。

（5）通过学历教育等形式加大对农户人力资本的投入。舒尔茨认为，改造传统农业的根本在于对人力资本进行教育投资，农民的知识水平与其耕作生产率存在正相关关系[191]。调研表明，样本农户技术决策者文化水平整体偏低，高中以上学历者仅占16.67%。前文分析也显示，技术决策者学历水平对技术价值感知、技术识别与决策、技术效率等都存在显著影响。此外，技术识别和技术使用技巧难以掌握是农户感知成本的主要影响因子，DEA模型的技术效率分析显示样本农户的技术配置效率还存在34.2%的效率损失。这些都启示我们，应加强对农户关于农业技术特征、功效、使用技巧及综合配置效率等方面的培训，通过提高农户的人力资本水平促进农业生产效率的进一步提高。

（6）提高农户农业生产的组织化程度，适度推进农户规模经营。2013年中央1号文件明确指出，要引导农村土地承包经营权有序流转，鼓励和支持承包土地向专业大户、家庭农场、农民合作社流转，发展多种形式的适度规模经营，大力支持发展多种形式的新型农民合作组织，并培育壮大龙头企业，提高农业生产的集约化水平。前文研究表明，是否成为龙头企业的基地户或加入农业合作社变量在农户技术感知、技术决策和技术效率等方面都存在显著差异。与相关农业组织有合作关系的农户具有更容易接受技术信息和服务的优势，因此对农业技术的价值有更深的认识，技术采用倾向也更显著，同时拥有较高的生产效率。此外，大户与普通农户的分组比较也显示，大户具有更高的采用技术积极性和技术配置效率。DEA 模型的技术效率分析也显示有 56.72%的农户处于规模报酬递增阶段，种植规模尚未达到最佳状态，表明现有的技术水平和要素投入组合水平还可以通过提高种植规模获得更高的生产效率。因此，促进农户生产的组织化和规模化水平是提高技术扩散效率的重要途径。

（7）注重农业技术扩散对农户生计和农村社区影响的评估与调控。研究显示，技术采用从不同维度增加了农户的生计资产，农户的生计脆弱性有了显著下降。但同时也应该看到，技术在解放农业劳动力、推动农业生产率提高的同时也给农村社区发展带来了挑战，如大量青壮年劳动力的外流加剧了农村社区的“空心化”现象，造成了人力资源和产业的进一步弱化；技术理性价值观颠覆了农户的传统价值观，金钱至上取代了传统的伦理观等。因此应加强技术采用对农户生计以及农村社区环境变迁影响的评估，有针对性地提出促进个体价值观和人际关系重塑，以及新型农村社区产业、文化和权利结构重建的对策。

（8）合理布局农业技术服务节点，克服技术扩散的空间阻碍。研究表明，农户与农业科技园的技术联系存在显著的距离衰减效应，一级辐射区农户知晓科技园和接受其技术服务的比率明显高于二级辐射区，对农户技术感知价值和家庭综合技术效率两个方面的研究也证实了这一空间特征。因此，为了降低空间距离对技术扩散的不利影响，要综合考虑辐射区的区位条件、交通条件、农作物种植格局及技术发展水平等因素，注意次级科技园、农业龙头企业及农业合作社等技术研发与扩散中心的空间布局，尽量做到技术服务节点布局的相对均衡性，防止技术服务凹陷区的出现，最大限度地发挥科技园对区域农业发展的带动作用。

10 结论与展望

10.1 主要结论

本书以定西国家农业科技园及其辐射区为对象，通过文献梳理、问卷调研和深度访谈等方式获得了大量数据和资料。在此基础上，首先以人文经济地理学、行为地理学、农业经济学及传播学等相关理论为指导，界定了农户技术采用前、中、后三个阶段的相关概念并构建了适宜的研究模型；其次，采用 GIS 空间可视化表达、结构方程模型、Logit 模型、DEA 模型及 SFA 模型等方法，对辐射区农户的技术感知、技术需求、技术采用决策影响因素、技术效率及生计效应等方面进行了分析；最后，结合前文研究，提出了促进定西农业科技园技术扩散及农户技术采用的对策建议。

（1）系统总结了当前国内外对农业科技园、技术扩散及农户技术采用行为研究在理论、视角、方法和内容等方面的最新进展，指出了研究的薄弱环节，并对进一步的研究方向进行了展望。总体来看，上述三个方面都已经取得了较多的研究成果：农业科技园研究在园区基础理论、技术创新、园区管理与绩效评价等方面已有较为系统的探讨，农业技术扩散在其基本概念及影响因素、扩散过程、扩散模型与模式等方面积累了丰富的研究基础，农户技术采用行为的研究视角则主要集中在采用意愿及决策的影响因素等方面。研究也发现，目前基于三者融合视角的有效研究成果还比较少，对核心问题即农户技术采用的研究视角过于局限，对其采用前的感知及对决策的影响，以及采用后的技术效应研究不足，已成为科技园技术扩散难以实现突破的重要障碍。因此，基于农户技术采用全过程的研究，进而对科技园技术扩散系统进行探讨并提出促进技术扩散与农户技术采用的对策显得尤为迫切。

（2）构建了农户技术采用过程分析的理论框架。针对当前关于农户技术采用行为研究过度集中于采用意愿及决策影响因素的现状，借鉴行为地理学、消费者行为学、技术效率与农户生计等方面的理论，对农户技术采用前的技术感知、采用中的技术需求和决策影响因素、采用后的技术效率和生计效应等概念进行了梳理与界定，建立了农户技术感知的多维度测量模型。在此基础上，对农户技术感知对采用决策的影响、农户技术采用决策影响因素及农户技术效率测度进行了模型设定与测量方法选择。

(3) 对案例区科技园农业技术扩散的典型性进行了分析。结果表明，作为技术扩散源的定西国家农业科技园在科技研发和创新能力、种植技术、旱作农业技术和龙头企业带动区域农业发展方面都已取得了显著成就；基于全国和甘肃省两个尺度上的马铃薯种植格局演变分析表明，案例区为我国重要马铃薯主产区之一，区域优势度不断提升；定西国家农业科技园已经形成了较为成熟的马铃薯种植成套技术，并通过园区销售中心、次级科技园、农业龙头企业及农业合作社等机构向辐射区农户进行技术扩散。即案例区已经初步形成了以科技园为技术供给中心，农业龙头企业等机构为技术扩散中介，农户为最终技术采用者的扩散系统。

(4) 采用结构方程模型验证了行为地理学和消费者行为学关于行为意向对行为决策影响的理论。行为地理学家 A·普雷德的行为矩阵理论认为，决策行为受收益感知程度的影响，其结果取决于个体获得某种信息的数量与质量，以及处理这些信息的能力。J·沃尔波特也认为，农民不仅缺乏知识，在某种程度上还受对不确定性抱有反感的价值系统的影响。而顾客价值感知理论对此论断做了进一步的拓展，将感知价值进行多维度界定，并测度感知的不同纬度对采用倾向的影响。本书研究表明，农户农业技术感知的各纬度得分均值差异显著，且对采用倾向有不同程度的影响。受性别、年龄、学历水平及与相关技术扩散组织的联系强度的影响，农户搜集技术相关信息及解读信息的能力有明显差异，进而影响技术感知价值及其相关维度对技术采用倾向的影响。具体分析如下：

各潜变量和测量变量得分统计显示，不同变量间分值存在较大差异：6 个潜变量和 21 个测量变量得分存在显著差异。在潜变量得分方面，感知价值和采用意愿排在前两位，得分均值分别为 3.766 和 3.735 分，表明样本农户对技术有较高的价值认同感和采用意愿。技术风险和感知利益的得分均值分别为 3.426 和 3.412，表明样本农户在认识到技术预期收益的同时，对技术采用存在的潜在风险也有较强的担忧，感知成本和健康风险感知的得分均值分别为 2.942 和 2.938，表明农户对成本感知较低，对技术使用可能带来的健康风险认识不够，各测量指标对相应潜变量的因子载荷也存在显著差异。

技术感知对农户采用倾向的分析表明，感知利益对感知价值和采用意愿的影响均非常显著，对采用意愿的影响在 1%水平上通过了显著性检验；感知成本对价值感知的负向影响没有通过检验，表明农业技术的价格升高并没有影响到农户对技术价值的认同，但其对采用意愿有较为显著的负向影响；技术风险对感知价值的负向影响没有通过检验，对采用意愿的负向影响较为显著，表明技术预期收益的不确定性对农户的技术采用有较强的抑制作用；健康风险对感知价值的负向影响在5%水平上通过了显著性检验，但较小的回归系数表明农户对技术评价的健康维度关注不够，其对采用意愿的负向影响没有通过显著性检验；技术感知价值对采用意愿的影响在1%水平上通过了显著性检验，反映出技术的综合感知价值对农户采用意愿具有很强的正向影响。总体来看，农户技术感知各维度中，技术收益是影响采用倾向的主要因素，而技术成本、技术风险和健康风险的影响较为有限。

基于多群组模型的分析表明，农户的性别、年龄、学历等个人属性特征，其所在区域的地形、园区辐射圈层以及是否参加合作社（基地）等变量，以影响个体获取和解读技术信息能力的方式，对通过验证的6条假设路径产生了不同程度的影响。

（5）对农户技术需求与供给情况及技术采用决策的影响因素进行了统计分析与模型验证。技术需求分析主要从需求优先度和采用的担心因素两个方面展开。对影响农户技术采用因素的研究，首先从技术属性和非技术属性两个视角分别考察，然后在对非技术属性影响因素分析中，又分别对偏中间性的脱毒薯种技术和偏商品性的地膜技术进行模型验证。结果表明，技术属性本身对农户采用决策存在一定影响，非技术性因素对不同属性技术采用决策的影响程度也存在显著差异，具体结果如下：

农户的技术需求及满足分析显示，农户第一选择的前三种农业技术分别为良种技术、市场信息和病虫害防治技术，技术采用最担心的因素排名为效果差、假技术和销售渠道不畅；约有70.36%的样本农户直接或间接地接受了科技园区的技术服务，但接受的技术主要为脱毒薯种和化肥、农药等实物技术，大部分农户认为科技园技术服务存在技术创新数量较少和技术售后服务不够等问题。

马铃薯脱毒薯种技术采用影响因素模型回归结果显示，21个解释变量中有14个通过了10%以下水平的检验。结果表明年轻、学历水平高、风险偏好大的决策者更倾向于采用价格较高的脱毒薯种，人均耕地面积和人均收入更高的农户采用意愿也更强烈，成为园区或龙头企业基地户以及参加合作社的农户也比普通农户有更高的采用意向，参加培训次数和政府补贴对农户采用脱毒薯种技术也有正向作用，距离各级技术中心越近的农户采用意愿也更高，存在农业外谋生机会和农业内比较收益更高农作物选择的农户采用意愿明显较低。

地膜覆盖技术采用的影响因素模型回归结果显示，21个解释变量中有9

个通过了10%以下水平的检验，结果表明学历较高者采用地膜技术略高于较学历较低者，劳动力较多和人均农业收入较高的农户采用意愿也更强烈，成为公司基地户、加入农业合作社和参加培训次数也对农户地膜技术采用有正向影响，山区农户因保墒需求更高而更倾向于采用地膜技术，存在农业外谋生机会和农业内比较收益更高农作物选择两个变量对农户采用地膜技术有显著负向影响。

（6）采用数据包络分析和随机前沿生产函数分析法对农户马铃薯种植的技术效率进行了测算。技术效率理论认为受内外环境的影响，大部分生产者的产出效率总是与理想值有一定的差距，技术效率是用来判断生产者的活动接近社会生产前沿面的程度。即在既定的要素投入下，个体生产者的产出量接近最大前沿面的水平，客观上反映了实际产出水平与理论产出水平的差距。本书的技术效率测算结果表明，样本农户的马铃薯种植综合技术效率、纯技术效率和规模效率都存在较大的优化空间，各投入要素均存在一定的冗余现象；与劳动力和资金相比，土地要素对效率的贡献最显著；一级辐射区农户和大户技术效率明显高于二级辐射区农户和普通农户；技术效率损失受多种因素的影响。两种技术效率测算方法的均值差异表明，案例区样本农户技术效率存在一定的“低水平陷阱”现象，具体结果如下：

基于DEA方法的分析显示：样本农户的家庭综合技术效率偏低，均值仅为0.546，纯技术效率的均值稍高，规模效率均值为0.851，为三个输出指标中的最高值，结果表明案例区马铃薯种植户的技术效率存在较大的优化空间；从农户家庭综合技术效率分组来看，效率值在0.3以下、0.3～0.5和0.5以上的比例分别为29.61%、30.04%和40.35%，总体效率偏低；农户的纯技术效率分组显示，35.82%的农户效率值为1，56.75%以上的农户处于0.5以上，表明总体上样本农户的纯技术效率优于综合技术效率；规模效率值的分组情况为，37.31%的样本农户效率值为1，仅有10.45%的农户效率值在0.5以下，表明样本农户的马铃薯种植具有较高的规模效率水平；从所处规模报酬阶段来看，有56.72%的农户处于规模报酬递增阶段，可以通过增加种植规模实现技术效率的提升，仅有7.46%的农户处于规模报酬效率递减阶段；投入和产出的松弛变量分析表明，案例区农户种植马铃薯的各投入要素都存在冗余现象，其中以化肥和农药最为显著，有近1/3的农户存在产出不足的现象。

基于SFA方法的分析表明：样本农户的技术效率均值为0.774，随机前沿生产函数估计中，资本、劳动力和土地三项投入都在5%水平以下通过了T检验，表明三项要素均对技术效率有正向贡献，其中土地变量的显著性最高，表明其对效率的影响因素最大；随机扰动项的变异主要受技术非效率 μ 的影响，占效率损失总体的 95.66%；种植规模和所处辐射圈层两个虚拟变量都通过了检验，规模较大和处于第一辐射区农户的技术效率要高于规模较小和第二辐射区的农户；从农户技术效率的不同组别的分布情况来看，按种植规模分组的农户效率差异显著，大户组的农户更多分布在高技术水平组，大户和普通农户两组中技术效率在 0.8 以上的农户比率分别为 53.50%和 30.48%；一级辐射区农户的技术效率小幅高于二级辐射区，技术效率在 0.8 以上的农户分别为 33.60%和 30.77%；技术效率损失函数的估计表明，户主的受教育水平、劳动力数量、耕地面积、龙头企业基地户和参加培训次数 5 个变量对技术效率有正向促进作用，家庭兼业化程度和同一地块是否存在其他高收益替代作物的选择两个变量对技术效率有显著的负向影响。

（7）运用可持续生计框架理论对农户采用技术的生计效应进行了分析。结果显示：马铃薯技术的采用大大提高了农户自然资本的产出效率，造成的环境污染是可控的；对人力资本的影响主要体现在影响劳动力在各行业的分配格局和提高农业从业人员的技能水平两个方面；对金融资本的影响主要体现在由马铃薯单产提高所带来的收入增长，此外，技术解放出劳动力从事非农生产收入及政府的配套贷款也提高了农户的金融支配能力；技术采用对农户金融资本的提升最终促成了物质资本赋存的增加，两个先后接受现代马铃薯技术村落农户的物质资本存在显著差异；技术采用打破了传统的“熟人社会”网络，重构了以利益优先和责权对等为特点的新型交往关系，农户在此变革中提高了融入现代社会的资本和能力，但同时也带来了诸如村庄“空心化”和农民价值观异化等问题。以上分析表明农户生计模式已经形成较强的技术路径依赖效应。

（8）本书的实证研究表明，农业技术的扩散符合地理学的创新空间扩散与距离衰减规律理论。熊彼特认为，发展是由不同级别的创新集群在空间上非连续布局的结果，通过不同层级的创新中心的涓滴效应形成规模不等的核心-外围空间结构，核心区与外围区构成完整的空间系统，核心区在空间系统中居支配地位。本书的研究发现，目前案例区地域空间内，已经形成了由定西农业科技园及其次级园区为技术核心区，周边农业生产区为外围区的农业技术扩散核心-外围结构。园区技术扩散的距离衰减规律主要体现在两个方面，一是以农户与最近的农业科技园的距离为变量，对农户技术采用决策影响进行的回归结果非常显著；二是从不同辐射圈层对农户技术采用的影响来看，一级辐射区农户受近邻效应的影响，如基地示范、专家入户、科技园专项宣传等活动的影响，对园区的知晓率和技术接受率明显高于二级辐射区。

（9）基于本书研究内容，探讨了促进定西国家农业科技园技术扩散及农户技术采用的举措。主要包括构建以农户为中心的农业科技园技术扩散系统；加大对农业科技知识的普及力度，提高农户对农业技术的感知程度，并推进对农户技术感知的测度与管理；完善农业技术市场的监管机制，确保农业技术的质量及其偏公益性的特点；密切科技园与农户间的技术联系强度，提高对农户技术服务的针对性和有效性；通过学历教育等形式加大对农户人力资本的投入；提高农户农业生产的组织化程度，适度推进农户规模经营；注重农业技术扩散对农户生计和农村社区影响的评估与调控；合理布局农业技术服务节点，克服技术扩散的空间阻碍等八个方面的对策与建议。

10.2 不足与展望

本书力图通过对“科技园-辐射区”系统框架下的农户技术采用过程进行实证研究，掌握农户技术采用的过程、特点与规律，为相关管理主体进行科学的农业科技园布局与管理，及推进技术研发与扩散提供有益参考。但囿于时间、精力、个人能力及篇幅的限制，本书在以下方面还需进一步完善：

（1）对影响农业科技园与农户的互动的作用机制研究不足。本书基于自下而上的视角，从农户技术采用过程分析的角度研究科技园的技术扩散问题，是对传统研究范式的突破。但科技园与农户间的技术交流与互动受多种因素的影响，本书在对这些因素的梳理与分析方面还比较欠缺。如各种新兴的农业组织在科技园与农户技术交流间的作用影响越来越大，但在本书研究过程中，仅把农户是否与这些组织有技术关联作为一个变量进行研究，对各种农业组织的影响模式、特点及机制等方面则缺乏深入研究。

（2）技术扩散的空间效应研究深度不够。空间效应是地理学关注创新扩散的重要视角。主要包括创新扩散的流向、强度和方式，创新扩散的空间等级结构，也包括创新接受者和潜在接受者的空间分布及其地域环境特征。本书虽然对案例区农业技术节点布局及其“核心-外围区”进行了一定的分析，并且基于农户的技术采用过程研究验证了技术扩散存在一定的距离衰减效应，但对其扩散模式及业已形成的技术扩散结构研究还存在较大不足。

（3）数据获取有待进一步完善和加强。本书的农户技术采用分析是基于一时性地抽样调研所获数据，一是抽样的合理性和代表性有待进一步检验，且囿于时间、资金等条件的限制，样本数量也有待进一步提高；二是技术扩散是一个动态的过程，基于静态数据的研究难免过于局限，难以把握技术扩散的过程并对未来做出预测。此外，本书是基于定西国家农业科技园及其辐射区为研究对象而展开的，研究结论对其他科技园的借鉴作用还有待探讨。

基于以上研究不足的探讨，认为进一步的研究工作应从以下方面入手：

（1）深化对影响科技园与农户互动机制的研究。在详尽梳理园区技术扩散中相关要素地位和作用的基础上，剖析影响科技园与农户互动的各种影响因素，进而对两者互动的动力机制、互动模式及政策保障进行深入探讨。如第二、第三产业发展驱动下的农村劳动力大量外流，对农户农业生产及技术采用决策的影响有多大，在此背景下如何做好三产发展的平衡及农业技术扩散工作；随着土地流转的推进和农业经营主体的多元化，技术受体由原来的农户为主，将逐渐演变成普通农户、家庭农场及农业龙头企业等并存的局面，而不同类型的主体在技术认知和判断能力、技术需求的类型与数量、技术的配置效率等方面都存在显著差异，如何对其进行针对性地技术扩散是迫切需要厘清的现实问题。

（2）加强科技园技术扩散的空间效应研究。农业科技园布局的初衷即要成为区域农业发展的技术增长极，通过其技术外溢效应带动辐射区农业高新技术采用率及产业升级。因此，应当在对技术扩散区域环境进行深入分析的基础上，研究技术流动的方向、强度和模式，进而总结扩散的特征与规律，判识其形成的技术扩散空间结构，以为下一步的技术扩散提出更具体、有效的应对策略。

（3）建立科技园技术扩散动态数据库，并加强不同园区的对比研究。针对静态数据研究的不足，应实行跟踪调查，可考虑建立固定观测点，获取时间序列的数据，研究不同时期技术扩散空间效应的演变及动因。此外，应加强不同地区、不同主导技术类型园区的比较研究，以更好地总结农业科技园技术扩散及农户技术采用规律。基于不同时空条件下的深入研究，将有利于农业科技园技术扩散与园区经济相关理论的探讨与发展。

（4）开展农业技术推动下的区域发展研究。创新是区域发展的核心动力，改革开放的四十多年间，创新推动城市区域发生了翻天覆地的变革。相比较而言，我国的广大农区创新发展和要素变革进程要缓慢得多。但随着国家对农业科技研发与推广工作的重视，尤其是不同层级农业科技园区建设的推进，已有不少农区在农业技术的推动下实现了技术—组织—产业—区域的演化升级。总结这些先行区成功的特征、路径及动因，可为其他农区的发展提供有益的思路借鉴与指导。

参 考 文 献

[1] 蒋和平，张春敏．国家农业科技园区的发展现状与趋势［J］．深圳特区科技，2005（10）：50-54.

[2] 于正松，李同昇，李献波，等．西北地区农业技术扩散环境的空间分异—以陕甘宁县域为例［J］．地理科学进展，2013，32（4）：618-626.

[3] 徐维祥，李露，黄明均，等．浙江县域“四化同步”与居民幸福协调发展的时空分异特征及其形成机制［J］. 地理科学，2019，39（10）：1631-1641.

[4] 于正松．农业科技园技术扩散的农户采用行为研究［D］. 西安：西北大学，2014.

[5] 满明俊．西北传统农区农户的技术采用行为研究［D］. 西安：西北大学，2010.

[6] 国家统计局国民经济综合统计司．中国统计年鉴［M］. 北京：中国统计出版社，2019.

[7] 满明俊，李同昇．农户采用新技术的行为差异、决策依据、获取途径分析——基于陕西、甘肃、宁夏的调查［J］. 科技进步与对策，2010，27（15）：58-63.

[8] 李小建，等．农户地理论［M］. 北京：科技出版社，2009.

[9] 蒋和平，孙炜琳．农业科技园区综合评价指标体系研究［J］. 农业技术经济，2002（6）：21-25.

[10] 于正松，李小建，许家伟，等．基于“过程控制”的农业技术扩散系统重构研究［J］. 科学管理研究，2018（4）：65-68.

[11] 许越先，陈建华，杨文志．中国农业科技园区建设与发展［M］. 北京：中国农业出版社，2001.

[12] 杨敬华，许越先．农业科技园区集群创新平台建设的研究［J］. 中国农业科技导报，2007，05：20-23.

[13] 刘战平．农业科技园区技术推广机制与模式研究［D］. 北京：中国农业科学院，2007.

[14] 王芳．农业科技园区成长机理研究［D］. 杨凌：西北农林科技大学，2008.

[15] 蒋和平．高新技术改造传统农业论［M］. 北京：中国农业出版社，1997.

[16] 查金祥，徐辉．论农业科技园区建设的理论基础［J］. 湖北农学院学报，2002（4）：181-183.

[17] 张应良．WTO与中国农业和农村发展［M］. 北京：中国农业出版社，2002.

[18] 吴圣，吴永常，陈学渊．我国农业科技园发展：阶段演变、面临问题和路径探讨［J］. 中国农业科技导报，2019（12）：1-7.

[19] Admirahmadi H，Staff G. Science Park：a Critical Assessment［J］. Journal of Planning Literature，1993（8）：107-123.

[20] Doloreux D. Technopoles Et TrajectoiresStratEgiques: Le Cas de la Ville de Laval [J]. Cahiers de Geographie du Quebec, 1999 (43): 211-235.

[21] Malecki E J. Technology and Economic Dvelopment [M]. Edinburgh: Longman, 1997.

[22] Cooke P. Regional Innovation System, Clusters, and the Knowledge Economy [J]. Industrial and Corporate Change, 2001a (10): 945-974.

[23] Komninos N. After Technopoles [A]. In J. Simmie (ed) Innovation, Networks and Learning Regions? [C] London: Jessica Kingsley Publishers, 1998.

[24] Massey D, Quintas P, Wield D. High-Tech Fantasies [M]. London: Routledge, 1992.

[25] 杨其长. 我国农业科技示范园的技术经济背景与发展对策 [J]. 中国农村科技, 2004, (8): 39-41.

[26] 李瑞芳. 社会主义新农村建设视角下的创意农业发展对策 [J]. 安徽农业科学, 2010, 38 (28): 11-12.

[27] 韦宏军, 陈勇, 张淑英. 农业科技科技示范园开展特色研学活动的探索与思考 [J]. 安徽农学通报, 2020, (10): 144-145.

[28] 蒋和平, 孙炜琳. 农业科技园区综合评价指标体系研究 [J]. 农业技术经济, 2002 (6): 21-25.

[29] 蒋和平, 宋莉莉. 国家农业科技园区的运行模式分析 [J]. 科技与经济, 2006, (6): 21-24.

[30] 王朝全. 农业科技园区的发展模式探讨 [J]. 科学管理研究, 2004 (1): 32-36.

[31] 孙亚琪. 全产业链视角下徐州国家农业科技园产业融合研究 [J]. 中国林业经济, 2020, (3): 59-61.

[32] 刘笑明, 李同昇. 农业技术创新扩散的国际经验及国内趋势 [J]. 经济地理, 2006, (6): 931-935.

[33] Westhead P. Inputs and Qutputs of Technology-based Firms Located on and off Science Park [J]. R&D Management Journal, 1997 (27): 45-62.

[34] Vedovello C. Science Park and University-Industry Interaction: Geo-graphical Proximity between the Agent as A Driving Force [J]. Technovation, 1999 (19): 673-680.

[35] Lofsten H, Lindelof P. Science Parks in Sweden Industrial Renewal and Development [J]. R&D Management Journal, 2001 (31): 309-322.

[36] Chen K F, T Lau. Assessing Technology Incubator Programs in the Science Park: The Good, the Bad and the Ugly [J]. Technovation, 2005 (25): 1215-1228.

[37] Fukugawa N. Science Parks in Japan and their Value-Added Contributions to New Technolog-Based Firms [J]. International Journal of Industrial Organization, 2006, 24 (2): 381-400.

[38] 何燕子. 基于农业科技园区的区域创新系统研究 [D]. 长沙: 湖南农业大学, 2007.

[39] 杨敬华. 农业科技园区科技创新能力建设研究 [J]. 农村经济, 2008, (8): 107-110.

[40] 王旭，于姝，杨印生．农业科技园区集群效应与竞争力分析［J］．农机化研究，2007（12）：203-206.
[41] 刘进梅．农业科技园区持续创新优势的集群分析［J］．当代经济管理，2007（4）：64-66.
[42] 李树奎，李同昇．我国西北地区县域农业技术扩散环境的评价研究［J］．干旱区地理，2011，34（1）：179-185.
[43] 同海梅，侯军岐．以农业技术进步为主线的农业科技园区的制度创新［J］．特区经济，2006（08）：340-342.
[44] 李普峰，李同昇，满明俊，等．农业技术扩散的时间过程及空间特征分析——以陕西省苹果种植技术为例［J］．经济地理，2010，30（4）：647-651.
[45] 张鸿，鲜小林，谭伟．科研单位支撑农业科技园区发展的成效及其人才队伍建设［J］．天津农业科学，2010（6）：134-137.
[46] 李同昇，罗雅丽．农业科技园区的技术扩散［J］．地理研究，2016，35（3）：419-430.
[47] 李秀彬．对于国家农业科技园区内空间布局过于分散问题的思考［J］．中国农业科技导报，2010（1）：56-59.
[48] 孟招娣，朱福守，蒋和平．国家现代农业示范区建设水平分析及提升对策研究［J］．农业现代化研究，2018，39（2）：185-193.
[49] 陈栋，甄双七，刘建峰，等．我国农业科技园区建设现状与发展对策［J］．广东农业科学，2006（12）：116-120.
[50] 李然，张哲婧．河北省农业科技园指标体系综合评价研究［J］．中国农业资源与区划，2018，39（1）：25-28.
[51] 陈阜．国家农业科技园区建设的现状与对策［J］．中国农村科技，2007（11）：41-45.
[52] 龙天炜，苏津津．提升国家农业科技园可持续发展能力的战略与对策［J］．科技进步与对策，2007（5）：24-28.
[53] 聂闯．世界农业推广体系现状［J］．世界农业，2000，249（1）：50-51.
[54] Chen C J，Wu H L，Lin B W. Evaluating the Development of High-Tech Industries：Taiwan's Science Park［J］．Technological Forecasting and Social Change，2006，37（4）：452-465.
[55] 张新明，汤庆园．国家高新技术产业开发区发展评价研究［J］．世界地理研究，2013，22（1）：114-120.
[56] 何仙珠．农业科技园区的评价指标体系研究［J］．中国农学通报，2005（10）：384-388.
[57] 高小红．我国农业科技园区评价指标体系研究［D］．南京：南京农业大学，2006.
[58] 李慧娟．现代农业科技园区综合评价指标体系研究［J］．现代经济信息，2010（5）：21-22.
[59] 陈栋．广州国家农业科技园区能值评价的研究［D］．长沙：湖南农业大学，2007.

[60] 刘战平，陆远如，蒋和平．农业科技园区专家大院评价指标体系研究［J］．中国集体经济，2008（16）：171-172.

[61] 李杰，魏秀芬．天津农业科技园区示范带动作用的绩效分析［J］．天津农林科技，2012（3）：30-31.

[62] 何伟．基于 DEA 方法的农业科技园区投入产出综合效益评价［J］．统计与决策，2007（24）：154-156.

[63] 张静．基于 Malmquist 指数法的中国农业科技园区生产效率实证分析［J］．科技进步与对策，2011（17）：129-133.

[64] 张敏．江苏农业科技园区与区域经济协调发展研究［D］．苏州：苏州大学，2011.

[65] 杨海蛟，刘源，赵黎明．产业集聚水平下农业科技园区的技术推广效率研究——以 36 个国家级农业科技园区为实证［J］．农业科技管理，2012（1）：85-87.

[66] 赵静，肖洁，曹洪涛，等．现代农业科技园区环境影响评价研究［J］．农业环境与发展，2012（5）：54-58.

[67] 陈莉．合肥市农业科技示范园评价指标体系的构建与评价［J］．现代农业科学，2009（6）：196-197.

[68] 莫君慧，于正松．科技园技术扩散背景下农业技术采用效率研究［J］．创新科技，2019（6）：88-92.

[69] 潘启龙，刘合光．现代农业科技园区竞争力评价指标体系研究［J］．地域研究与开发，2013，32（1）：5-11.

[70] 刘战平，陆远如，蒋和平．农业科技园区专家大院评价指标体系研究［J］．中国集体经济，2008（16）：171-172.

[71] 康凯．技术创新扩散理论与模型［M］．天津：天津大学出版社，2004.

[72] Rogers E M. Diffusion of innovation［M］. 3rd Ed. New York：New York Press，1983.

[73] 刘笑明．农业科技园区技术扩散研究．［D］．西安：西北大学，2008.

[74] 常向阳，戴国海．技术创新扩散的机制及其本质探讨［J］．技术经济与管理研究，2003（5）：101-102.

[75] 张建忠．农业科技园技术创新扩散理论与实证研究［D］．西安：西北大学，2007.

[76] 秦文利，王慧军．农民素质对农业技术扩散的影响［J］．河北农业科学，2004，8（1）：54-57.

[77] 门杰，苏竣．江苏省扬中市现代农业科技园科技创新发展分析与建议［J］．江苏科技信息，2019（17）5-7.

[78] 徐玖平．旱育秧技术扩散模型与实证分析［J］．管理工程学报，2001（1）：21-27.

[79] 戴国海．良种技术扩散的理论与实证研究［D］．南京：南京农业大学，2004.

[80] 廖西元，王磊，王志刚．稻农采用节水技术影响因素的实证分析—自然因素和经济因素效应及其交互影响的估测［J］．中国农村经济，2006（12）：13-19.

[81] 赵绪福．农业技术扩散速度的模型分析［J］．湖北民族学院学报（自然科学版），1996，14（2）：59-61.

[82] 康凯，苏建旭，张会云．非均质空间各向同性的技术创新扩散模型研究［J］．河北工业大学学报，2000，29（3）：34-39.

[83] 余迎新，许立新，康凯．技术创新空间扩散机理研究［J］．河北工业大学学报（自然科学版），2002（2）：124-128.

[84] 宋德军，刘阳．中国农业技术扩散速度测定及发展策略研究［J］．科技与经济，2008，21（6）：35-38.

[85] 刘然然，王梁．国家农业科技园发展研究综述［J］．江苏农业科学，2019，47（2）：6-8.

[86] 张俊鹰．论农业技术推广模式的构建原理与运行机制［J］．农业现代化研究，1999，18（3）：91-93.

[87] 张力．以政府主导行为为主体的农业技术推广模式分析［J］．农业科技管理，2005，24（4）：28-29.

[88] 刘佛翔，张丽君．我国农业技术创新与扩散模式探讨［J］．农业现代化研究，1999，20（5）：294-297.

[89] 高启杰，陈良玉．优化农业推广模式发展农业推广事业［J］．中国农业科技导报，2000（2）：76-80.

[90] 方维慰，李同昇．农业技术空间扩散环境的分析与评价［J］．科技进步与对策，2006（11）：48-50.

[91] Lindner Robert K. Farm Size and the Time Lag to Adoption of a Scale Neutral Innovation［M］. Mimeographed Adelaide：University of Adelaide，1980.

[92] Janis M Carey，David Zilberman. A Model of Investment Under Uncertainty：Modern Irrigation Technology and Emerging Markets in Water［J］. American Journal of Agricultural Economics，2002，84（1）：171-183.

[93] Eric C Schuck，W Marshall Frasier，Robert S Webb，et al. Adoption of More Technically Efficient Irrigation Systems as a Drought Response［J］. Water Resources Development，2005，21（4）：651-662.

[94] Jack，B K. Barriers to the Adoption of Agricultural Technologies in Developing Countries［J］. Agricultural Technology，2009.

[95] 林毅夫．家庭责任制改革和中国杂交水稻的采用［J］．发展经济学杂志，1991，36（7）：353-372.

[96] 朱希刚，黄季焜．农业技术进步测定的理论方法［M］．北京：中国农业科技出版社，1994.

[97] 刘丽，上官定一，雷传芳．基于多维异质性的农户保护性耕作技术采用效应研究［J］．干旱区资源与环境，2020，34（10）：119-125.

［98］廖西元，陈庆根，王磊，等．农民对科技需求的优先序研究——水稻生产科技需求实证分析［J］．中国青年农业科学学术年报，2004，8（6）：470-481.

［99］林毅夫．制度、技术与中国农业发展［M］．上海：上海三联书店，2008.

［100］刘宇，黄季焜，王金霞，等．影响农业节水技术采用的决定因素——基于中国10个省的实证研究［J］．节水灌溉，2009，34（10）：1-5.

［101］刘晓敏，王慧军，李运朝．太行山前平原区农户采用小麦玉米农艺节水技术意愿影响因素的实证分析者［J］．中国生态农业学报，2010，18（5）：1099-1105.

［102］陆文聪，余安，等．浙江省农户采用节水灌溉技术意愿及其影响因素［J］．中国科技论坛，2011，27（11）：136-142.

［103］Paulson N D，Schnitkey G D. Policy Concerns of Midwestern Grain Producers for the 2012 Farm Bill［J］. American Journal of Agricultural Economics，2012，94（2）：515-521.

［104］Atari D，Yiridoe E，Smale S，et al. What Motivates Farmers to Participate in the Nova Scotia Environmental Farm Plan Program? Evidence and Environmental Policy Implications［J］. Journal of Environmental Management，2009，90（2）：1269-1279.

［105］Ruto E，Garrod G. Investigating Farmers' Preferences for the Design of Agri-environment Schemes：A Choice Experiment Approach［J］. Journal of Environmental Planning and Management，2009，52（5）：631-647.

［106］AGRIDEA，FiBL. Swiss Association for the Development of Rural Areas and Research Institute for Organic Agriculture［M］. Switzerland：Deckungsbeiträge，2010.

［107］Kaiser T，et al. Validation of Grassland Indicator Species Selected for Result-oriented Agri-environmental Schemes［J］. Bio-diversity and Conservation，2010，19（5）：1297-1314.

［108］Matzdorf B，Lorenz J. How Cost-effective are Result-oriented Agri-environmental Measures? An Empirical Analysis in Germany［J］. Land Use Policy，2010，27（2）：535-544.

［109］Techen A K，Osterburg B. Verifiability of Result-oriented Policy Measures to Reduce N Emissions From German Agriculture［C］. Edinburgh：Paper Presented at the Nitrogen & Global Change Science Conference，2011.

［110］Rob J F Burton，G Schwarz. Result-oriented Agri-environmental Schemes in Europe and Their Potential for Promoting Behavioural Change［J］. Land Use Policy，2013，30（1）：628-641.

［111］Claudia Sattler，Uwe Jens Nagelb. Factors Affecting Farmers Acceptance of Conservation Measures：a Case Study From North-eastern Germany［J］. Land Use Policy，2010，27（1）：70-77.

［112］Maria Espinosa-Goded，Jesús Barreiro-Hurlé，Eric Ruto. What Do Farmers Want From Agri-environmental Scheme Design? A Choice Experiment Approach. Agricultural Economics Society, 2010, 61 (2): 259-273.

[113] Johan Ahnström, Jenny Höckert, Hanna L Bergea, et al. Farmers and Nature Conservation Null What is Known about Attitudes, Context Factors and Actions Affecting Conservation? Renewable Agriculture and Food Systems, 2009, 24 (1): 38-47.

[114] Teresa Serra, David Zilberman, José M Gil. Differential Uncertainties and Risk Attitudes between Conventional and Organic Producers: the Case of Spanish Arable Crop Farmers [J]. Agricultural Economics, 2008, 39 (2): 219-229.

[115] Knowler D, Bradshaw B. Farmers' Adoption of Conservation Agriculture: A Review and Synthesis of Recent Research [J]. Food Policy, 2007, 32 (1): 25-48.

[116] Robert Finger, Nadja EI Benni. Farmer' Adoption of Extensive Wheat Production-Determinants and Implications [J]. Land Use Policy, 2013, 30 (1): 206-213.

[117] Rangalal Mohapatra. Farmers's Education and Profit Efficiency in Sugarcane Production: A Stochastic Frontier Profit Function Approach [J]. The IUP Journal of Agricultural Economics, 2011, 8 (2): 18-31.

[118] Francisco Alcon, María Dolores de Miguel, Michael Burton. Duration Analysis of Adoption of Drip Irrigation Technology in Southeastern Spain [J] . Technological Forecasting & Social Change, 2011, 78 (6): 991-1001.

[119] Michael Burton, Dan Rigby, Trevor Young. Adoption and Abandonment of Organic Farming: An Empirical Investigation of the Irish Drystock Sector [J]. Journal of Agricultural Economics, 2010, 61 (3), 697-714.

[120] Jikun Huang, Cheng Xiang, XiangpingJia, Ruifa Hu. Impacts of Training on Farmers' Nitrogen Use inmaize Production in Shandong, China Impacts of Training on Farmers' Nitrogen Use in Maize Production in Shandong, China [J] . Journal of Soil and Water Conservation, 2012, 67 (4): 321-327.

[121] 朱明芬，王磊，李南田．农业劳动力兼业行为及发展趋势 [J]. 调研世界，2000，8 (6)：18-21.

[122] 王志刚，王磊，廖西元，等．农户采用水稻轻简栽培技术的行为分析 [J]. 农业技术经济，2007，26 (3)：102-107.

[123] 刘红梅，王克强，黄智俊．影响中国农户采用节水灌溉技术行为的因素分析 [J]. 中国农村经济，2008，24 (4)：44-54.

[124] 王秀东，王永春．基于良种补贴政策的农户小麦新品种选择行为分析——以山东、河北、河南三省八县调查为例 [J]. 中国农村经济，2008，26 (3)：102-107.

[125] 喻永红，张巨勇．农户采用水稻 IPM 技术的意愿及其影响因素——基于湖北省的调查数据 [J]. 中国农村经济，2009，25 (11)：77-86.

[126] 朱红根，周曙东．南方稻区农户适应气候变化行为实证分析——基于江西省 36 县(市) 346 份农户调查数据 [J]. 自然资源学报，2011，26 (7)：1119-1128.

［127］朱丽娟，向会娟．粮食主产区农户节水灌溉采用意愿分析［J］．中国农业资源与区划，2011，32（5）：17-21.

［128］褚彩虹，冯淑怡，张蔚文．农户采用环境友好型农业技术行为的实证分析——以有机肥与测土配方施肥技术为例［J］．中国农村经济，2012，28（3）：68-77.

［129］杨念．区域经济中博弈论在节水灌溉中的应用研究［J］．节水灌溉，2003，24（3）：45-48.

［130］韩青．农业节水灌溉技术应用的经济分析［D］．北京：中国农业大学，2004，27-29.

［131］李艳，陈晓宏．农业节水灌溉的博弈分析［J］．灌溉排水学报，2005，24（3）：19-22.

［132］莫君慧，于正松．价值感知对农户技术采用倾向的影响及其条件响应［J］．中国农业资源与区划，2020，41（5）：238-245.

［133］柯水发．基于进化博弈理论视角的农户群体退耕行为分析［J］．林业经济，2007，26（2）：59-62.

［134］江煜，王学峰．干旱区灌溉水价与农户采用节水灌溉技术之间的博弈分析［J］．石河子大学学报，2008，26（3）：362-365.

［135］王艳芳，张红玲．水价与灌溉模式选择的博弈分析［J］．水利经济，2009，27（2）：32-33.

［136］夏勇开，刘殿国．香蕉种植户技术需求行为及影响因素的实证分析——以广西香蕉种植户的调查为例［J］．热带生物学报，2011，2（1）：67-71.

［137］李后建．农户对循环农业技术采纳意愿的影响因素实证分析［J］．中国农村观察，2012，32（2）：28-36.

［138］黄玉祥，韩文霆，周龙，等．农户节水灌溉技术认知及其影响因素分析［J］．农业工程学报，2012，28（18）：113-120.

［139］Wossink G A A，Buck A Niejenhuis J，J H，et al. Farmer Perceptions of Weed Control Techniques in Sugarbeet［J］. Agricultural Systems，1997，55（3）：409-423.

［140］Mendesil E，Abdeta C，Tesfaye A，et al. Farmers' Perceptions and Management Practices of Insect Pests on Stored Sorghum in Southwestern Ethiopia［J］. Crop Protection，2007，26（12）：1817-1825.

［141］Khan Z，Amudavi D M，Charles，Midega A O，et al. Farmers' Perceptions of A 'Push-Ull' Technology for Control of Cereal Stemborers and Striga Weed in Western Kenya［J］. Crop Protection，2008，(27)：976-987.

［142］Greiner R，Patterson L，Miller O. Motivations，Risk Perceptions and Adoption of Conservation Practices by Farmers［J］. Agricultural Systems，2009，99（2）：86-104.

［143］Yaghoubi J. Assessment of Agricultural Extension and Education Graduate Students'perceptions of E-learning in Iran［J］. Procedia Social and Behavioral Sciences，2009，1（1）：1914-1918.

[144] Mojid M A, Wyseure G C L, Biswas S K, etal. Farmers'perceptions and Knowledge in Using Wastewater for Irrigation at Twelve Peri-urban Areas and Two Sugar Mill Areas in Bangladesh [J]. Agricultural Water Management, 2010, 98 (1): 79-86.

[145] D'Antoni J M, Mishra A K, Joo H. Farmers' Perception of Precision Technology: The Case of Autosteer Adoption by Cotton Farmers [J]. Computers and Electronics in Agriculture, 2012, 87: 121-128.

[146] Gregory E F, Hugo E F, A Nahuel P. Perceptions of Silvopasture Systems Among Adopters in Northeast Argentina [J]. Agricultural Systems, 2012, 105 (1): 21-32.

[147] Barraza D, Jansen K, Joode B W. Pesticide Use in Banana and Plantain Production and Risk Perception among Local Actors in Talamanca, Costa Rica [J]. Environmental Research, 2011, 111 (5): 708-717.

[148] Robinson K G, Robinson C H, Raup L A, et al. Public Attitudes and Risk Perception toward Land Application of Biosolids within the South-eastern United States [J]. Journal of Environmental Management, 2012, 98 (15): 29-36.

[149] Reimer A P, Weinkauf D K, Prokopy L S. The Influence of Perceptions of Practice Characteristics: An Examination of Agricultural Best Management Practice Adoption in Two Indiana Watersheds [J]. Journal of Rural Studies, 2012, 28 (1): 118-128.

[150] TanjuKiriscioglu, David M Hassenzahl, Bulent Turan. Urban and Rural Perceptions of Ecological Risks to Water Environments in Southern and Eastern Nevada [J]. Journal of Environmental Psychology, 2013, 33: 86-95.

[151] Melanie L L I, Jeffrey T L, Sally A M. Vegetable Producers' perceptions of Food Safety Hazards in the Midwestern USA [J]. Food Control, 2012, 26 (2): 453-465.

[152] Carr G, Potter R B, Nortcliff S. Water Reuse for Irrigation in Jordan: Perceptions of Water Quality among Farmers [J]. Agricultural Water Management, 2011, 98 (5): 847-854.

[153] Jolly C M, Bayarda B, Awuah R T, et al. Examining the Structure of Awareness and Perceptions of Groundnut Aflatoxin among Ghanaian Health and Agricultural Professionals and Its Influence on Their Actions [J]. The Journal of Socio-Economics, 2009, 38 (2): 280-287.

[154] Aubert B A, Schroeder A, Grimaudo J. IT as Enabler of Sustainable Farming: An Empirical Analysis of Farmers' adoption Decision of Precision Agriculture Technology [J]. Decision Support Systems, 2012, 54 (1): 510-520.

[155] 邓美云，李继志．农户 VIP 技术采用行为的影响因素分析 [J]．农业现代化研究，2019，40 (5)：811-819.

[156] 邢美华，张俊飚，黄光体．未参与循环农业农户的环保认知及其影响因素分析——基于晋、鄂两省的调查 [J]．中国农村经济，2009 (4)：72-79.

[157] 徐家鹏，闫振宇．农民对转基因技术的认知及转基因主粮的潜在生产意愿分析——以

湖北地区种粮农户为考察对象［J］. 中国科技论坛，2010（11）：142-148.

［158］吴林海，侯博，高申荣．基于结构方程模型的分散农户农药残留认知与主要影响因素分析［J］. 中国农村经济，2011（3）：35-48.

［159］王永强，朱玉春．启发式偏向、认知与农民不安全农药购买决策——以苹果种植户为例［J］. 农业技术经济，2012（7）：48-55.

［160］张哲晰，穆月英，侯玲玲．环渤海地区滴灌的资源与经济效应［J］. 资源科学，2019，41（8）：1400-1415.

［161］赵肖柯，周波．种稻大户对农业新技术认知的影响因素分析——基于江西省 1077 户农户的调查［J］. 中国农村观察，2012（4）：29-36.

［162］邓正华，杨新容，张俊飚，等．农户对高产农业技术扩散的生态环境影响感知实证［J］. 中国人口·资源与环境，2012，22（7）：138-144.

［163］石洪景，黄和亮．农户对农业技术采用行为的心理学分析［J］. 贵州农业科学，2013，41（4）：209-213.

［164］徐欣，胡俞越，韩杨，等．农户对市场风险与农产品期货的认知及其影响因素分析——基于5 省（市）328 份农户问卷调查［J］. 中国农村经济，2010（7）：47-55.

［165］巩前文，穆向丽，田志宏．农户过量施肥风险认知及规避能力的影响因素分析——基于江汉平原 284 个农户的问卷调查［J］. 中国农村经济，2010（10）：66-76.

［166］Klerkx L，Aarts N，Leeuwis C. Adaptive Management in Agricultural Innovation Systems：The Interactions between Innovation Networks and their Environment［J］. Agricultural Systems，2010，103（6）：390-400.

［167］Tim J Coelli，D S Prasada Rao . Total Factor Productivity Growth in Agriculture：A Malmquist Index Analysis of 93 Countries，1980—2000［J］. Centre for Efficiency and Productivity Analysis，2003（2）：1-32.

［168］Ndlovu P V，Mazvimavi K，An H，et al. Productivity and Efficiency Analysis of Maize under Conservation Agriculture in Zimbabwe［J］. Agricultural Systems，2014，12：21-32.

［169］Pfeiffer L，Lin C. Does Efficient Irrigation Technology Lead to Reduced Groundwater Extraction? Empirical Evidence［J］. Journal of Environmental Economics and Management. 2014，67（2）：189-208.

［170］Ma S Z，Feng H. Will the Decline of Efficiency in China's agriculture Come to An End? An Analysis Based on Opening and Convergence［J］. China Economic Review，2013，27：179-190.

［171］Serra T，Chambers R G，Lansink A O. Measuring Technical and Environmental Efficiency in a State-contingent Technology［J］. European Journal of Operational Research，2014，236（2）：706-717.

［172］Ray S C，Ghose A. Production Efficiency in Indian Agriculture：An Assessment of the

Post Green Revolution Years [J]. Omega，2014，44：58-69.

[173] 黄少安，孙圣民，宫明波．中国土地产权制度对农业经济增长的影响——对1949—1978年中国大陆农业生产效率的实证分析 [J]. 中国社会科，2005（3）：38-49.

[174] 李谷成，冯中朝，占绍文．家庭禀赋对农户家庭经营技术效率的影响冲击 [J]. 统计研究，2008，25（1）：35-42.

[175] 屈小博．不同规模农户生产技术效率差异及其影响因素分析——基于超越对数随机前沿生产函数与农户微观数据 [J]. 南京农业大学学报（社会科学版），2009（3）：27-36.

[176] 金福良，王璐，李谷成，等．不同规模农户冬油菜生产技术效率及影响因素分析 [J]. 中国农业大学学报，2013，18（1）：210-217.

[177] 史清华．农户经济增长与发展研究 [M]. 北京：中国农业出版社，1999.

[178] D·J·沃姆斯利，G·J·刘易斯．行为地理学导论 [M]. 王兴中，郑国强，李贵才，译．西安：陕西人民出版社，1988.

[179] 李晓楠．感知风险、信任对网络购买意愿影响的实证研究 [D]．兰州：兰州大学，2012.

[180] 郭霞．基于农户生产技术选择的农业技术推广体系研究——以江苏省小麦生产为例 [D]. 南京：南京农业大学，2008.

[181] 李斌．生态家园富民工程“三位一体”项目对宁夏盐池县农户生计影响的研究 [D]. 北京：中国农业大学，2005.

[182] 朱丽娟．基于认知的手机消费者购买决策过程影响因素研究 [D]. 济南：山东大学，2011.

[183] 董大海．基于顾客价值构建竞争优势的理论与方法研究 [D]. 大连：大连理工大学，2003.

[184] 孔祥智，方松海，庞晓鹏，等．西部地区农户禀赋对农业技术采纳的影响分析 [J]. 经济研究，2004（12）：85-95.

[185] 何雪峰．基于农户尺度的半干旱区集雨生态农业技术体系的行为响应机理及影响因素分析 [D]. 兰州：兰州大学，2007.

[186] 王磊．基于DEA和SFA方法的我国信托投资公司效率研究 [D]. 哈尔滨：哈尔滨工业大学，2008.

[187] 中国统计局．中国农村统计年鉴 [M]. 北京：中国统计出版社，1995—2019.

[188] 甘肃省统计局．甘肃统计年鉴 [M]. 北京：中国统计出版社，1997—2019.

[189] 孙俊，潘玉君，汤茂林，等．地理学发展的战略方向探讨 [J]. 地理学报，2013，68（2）：268-283.

[190] 英国皇家学会．公众理解科学 [M]. 唐英英，译．北京：北京理工大学出版社，2004.

[191] 西奥多·W·舒尔茨．改造传统农业 [M]. 北京：商务印书馆，1999.

附　　录

问卷一：农户技术感知问卷

尊敬的农民朋友：

您好！我们是××大学的农业技术扩散研究团队的调研员，本次调研是为了完成国家自然科学基金“××”而设计的，目的是总结农业科技园技术扩散的经验与存在问题，以便能更好地为农民朋友提供服务。本问卷仅供学术研究之用，我们会做好保密工作，请放心作答，您所有的回答对我们都非常重要，衷心感谢您的配合！

编号：__________　调查时间：__________　调查员姓名：__________

调查地点属于______县______乡（镇）______村

本村 GPS 位置______ 高程______本村地形______距离最近的农业科技园的距离______

填表说明：请按您对每个问题的认同程度在相应的方框内打“√”。

编号		强烈反对	反对	不知道	同意	非常同意
1	我身边很多亲朋好友都说新型农业技术对农业生产是有利的					
2	村里的种地能人经常说新型农业技术对农业生产是有利的					
3	我采用农业技术大多是听身边人的劝说才用的					
4	良种技术有利于提高粮食单产					
5	耕作新技术有利于提高粮食单产					
6	作物生长期管理技术有利于提高粮食单产					
7	病虫害防治技术能有效防治病虫，保证粮食产量					

（续）

编号		强烈反对	反对	不知道	同意	非常同意
8	农业机械化技术有利于节约劳动力					
9	率先采用新型农业技术会让我觉得很有面子					
10	率先采用新型农业技术有利于我在村里树立威信					
11	率先采用新型农业技术有利于我结交更多的人（专家、村民等）					
12	我觉得大部分新型农业技术的价格合理					
13	我觉得大部分新型农业技术的价格我可以接受					
14	我认为政府提供的农业技术（种子、化肥、农药等）是可信的					
15	我认为企业提供的农业技术（种子、化肥、农药等）是可信的					
16	我认为企业农业技术人员推荐的农业技术是可信的					
17	我认为农业技术零售商（农资商店）推荐的农业技术是可信的					
18	我认为有些农业技术的使用对自己身体有害（比如喷撒农药等）					
19	我认为有些农业技术对农产品是有害的（例如膨大剂、农药等）					
20	我认为有些农业新技术、新材料对土地环境是有害的（可能导致土壤板结、肥力流失等）					
21	我会率先使用新型农业技术					
22	我会重复使用效果还可以的新型农业技术					
23	如果涨价，还会继续使用					
24	我会向亲朋好友推荐我使用的新型农业技术					

问卷二：《农业科技园区技术扩散的采用行为研究—农户分问卷》

尊敬的农民朋友：

您好！我们是××大学农业技术扩散研究团队的调研员，本次调研是为了完成国家自然科学基金项目“××”而设计的，目的是总结农业科技园技术扩散的经验与存在问题，以便能更好地为农民朋友提供服务。本问卷仅供学术研究之用，我们会做好保密工作，请放心作答，您所有的回答对我们都非常重要，衷心感谢您的配合！

编号：__________ 调查时间：__________ 调查员姓名：__________

调查地点属于______县______乡（镇）______村

本村GPS位置______高程______本村地形______距离最近的农业科技园的距离______

一、农户基本情况

1. 户主年龄：A. 30以下　B. 30～40岁　C. 40～50岁　D. 50岁以上（　）

2. 户主的学历：A. 不识字　B. 小学　C. 初中　D. 高中　E. 大专及以上（　）

3. 您家总人口________人，在家种地的有________人。户主有没有外出务工经历：A. 是，B. 否；除户主外，有________人外出务工。

4. 您的家庭年收入水平为：A. 8000元　B. 8 000～15 000元　C. 15 000～30 000元　D. 30 000元以上，其中农业收入________元（种植作物收入________畜牧业收入________），非农收入________元，政府补贴________元。

5. 现在家里的主要支出是：A. 衣食住行________元，B. 农业生产资料________元，C. 子女教育________元，D. 购买家用电器________元，E. 其他________元。

6. 每年对田地的投入情况：种子________元，化肥________元，农药________元，家里有无农业机械（包括租用）投入，A. 有，投入________元，B. 没有。

7. 您家是否有电视：A. 是，B. 否；能否收到农业频道：A. 是，B. 否；是否有固定电话：A. 是，B. 否；是否有网络：A. 是，B. 否。

8. 家里农作物产出主要用于：A. 出售，B. 留用，年均产值大概是______元，与采用新技术之前相比平均亩产量增加________千克。

二、农户与农业科技园区

1. 您是否听说过杨凌（定西、吴忠）农业科技园区：A. 是 B. 否 （ ）

2. 您的村子离杨凌（定西、吴忠）农业科技园区有多远？ （ ）

A. 50 公里以内　　B. 50～100 公里

C. 100～150 公里　　D. 150 公里以上

3. 该村是否通公路：A. 是 B. 否 距离当地离集市距离：________公里。

4. 您是怎么知道农业科技园区的？ （ ）

A. 政府介绍　　B. 园区推介

C. 亲朋介绍　　D. 报纸、电视等媒介

5. 您是否接受过农业科技园区的技术服务？A. 是 B. 否 （ ）

6. 您是以什么样的方式受园区技术服务的？（第 5 题选无的，6～9 题不作答） （ ）

A. 技术特派员技术推广　　B. 专家定期培训课

C. 园区参观　　D. 协会组织活动

7. 您接受农业科技园区的农业技术服务有哪些方面？ （ ）

A. 良种技术　　B. 施肥技术

C. 耕种技术　　D. 病虫害防治技术

E. 种植期间管理技　　F. 农产品深加工技术

8. 您对农业科技园区的技术服务是否满意？A. 是 B. 否 （ ）

9. 您是否为园区基地示范户？A. 是 B. 否 （ ）

10. 您是否为园区龙头企业的基地户？A. 是 B. 否 （ ）

11. 您认为农业科技园区存在的问题有？ （ ）

A. 农业技术创新的数量较少　　B. 农业技术价格偏高

C. 农业技术不够实用　　D. 农业技术的售后服务

E. 其他问题

12. 您家里有没有人在农业园区的工作？工作的待遇怎样？月工资________元，有没有意愿去园区工作________。

三、对（科技园区）农业技术采用意愿分析

1. 您是否愿意引进新的农业生产技术：A. 愿意 B. 不愿意 （ ）

2. 您采用新技术的时机选择： （ ）

A. 村里较早采用者　　B. 一部分人采用后才采用

C. 村里较晚采用者

3. 您的风险偏好：A. 愿意冒险　B. 一般　C. 不愿冒险　(　　)

4. 您是否希望获得贷款来采用新的农业技术：A. 是　B. 否　(　　)

5. 您是否容易获得小额贷款：A. 是　B. 否　(　　)

6. 您采用新技术希望达到的目标是：　(　　)

A. 提高质量　B. 提高产量

C. 节约资金投入　D. 节约劳力投入

7. 您最需要哪些农业技术（按重要程度排序）：　(　　)

A. 良种技术　B. 施肥技术

C. 耕种技术　D. 病虫害防治技术

E. 种植期间管理技术　F. 农产品深加工技术

G. 市场供求信息

8. 您目前采取的是何种灌溉方式？

A. 传统的浇地方式　B. 节水灌溉方式　C. 其他方式　(　　)

9. 您采用新技术后担心哪些问题（按重要程度排序）：　(　　)

A. 不会使用　B. 技术效果小

C. 假技术　D. 农产品价格难以预测

E. 销售渠道不能保证

10. 您是否参加过农业技术培训：A. 是　B. 否，每年大约参加几次(　　)

A. 0 次　B. 1 次

C. 2 次　D. 3 次以上

11. 平均每年技术员上门指导的有________次；若是需要技术专家进行技术指导，您觉得那种方式最好？（可多选）　(　　)

A. 农忙前进行技术宣传　B. 有问题时可以打电话咨询他们

C. 到农技站咨询　D. 找村里的种植大户

12. 您对技术员的工作满意吗？　A. 满意　B. 基本满意　C. 不满意　(　　)

13. 你认为技术人员以何种方式提供技术最好？（选出前三项并排序）　(　　)

A. 个别辅导　B. 小组辅导（包括现场会、试验示范、培训班等）

C. 发放小册子、技术资料　D. 通过示范户或种植大户带动

E. 大众传媒（电视、广播、报纸等）

14. 本村有没有农民合作社？________。共有________个农业合作社，有会员________人，科技人员________人。您是否参与合作社？________。您参与的合作社是________年建立，主要从事________工作 。

四、不同属性技术采用的影响因素及评价：

（一）公益性技术（指完全由国家和地方政府出钱免费提供的农业技术，如免费的节水灌溉等农村基础设施保障类的技术；政府免费集中发放的农药等物资）

1. 请问您是否采用过公益性农业技术：A. 是　B. 否　（　　）

2. 请选出影响您是否采用公益性农业技术的因素并按重要程度排序（　　）

A. 对原有种植习惯冲击大不大　B. 是否消耗较多的劳动力

C. 是否有间接成本　D. 采用技术是否消耗很多时间

E. 操作难度大不大　F. 技术效果是不是确定

（二）中间性技术（指提供方是以盈利为目的的技术，如各种农药、化肥等）

1. 请问您是否采用过中间性商品技术：A. 是　B. 否　（　　）

2. 请选出影响您是否购买中间性农业技术的因素并按重要程度排序（　　）

A. 技术实施的难易程度　B. 技术采用的收益大小

C. 技术风险大小　D. 技术对农产品质量安全的影响大小

E. 价格高低　F. 对传统种植习惯的冲击大小

G. 其他人是否采用

（三）商品性技术（指提供方是以盈利为目的的技术，如各种农药、化肥等）

1. 您是否采用过商品性农业技术：A. 是　B. 否　（　　）

2. 请选出影响您是否购买商品性农业技术的因素并按重要程度排序（　　）

A. 价格高低　B. 技术采用的收益大小

C. 技术风险大小　D. 技术对农产品质量安全的影响大小

E. 技术的实施的难易程度　F. 技术是否会对土壤等农业环境造成污染

3. 您认为科技园区提供的商品性技术与其他渠道提供的技术相比：

（1）价格　A. 高　B. 一样　C. 低　（　　）

（2）技术操作难易程度　A. 难　B. 一样　C. 容易　（　　）

（3）农业技术售后服务　A. 好　B. 一样　C. 差　（　　）

五、农业技术采用效果评价

1. 您觉得采用新技术对增收效果明显吗？　（　　）

A. 很明显　B. 有效果

C. 无变化　　　　　　　　D. 不明显

E. 有反作用

2. 家里共有耕地________亩

农作物品种	种植亩数	一年几季（番）	采用技术种类	采用前亩产	技术投入费	采用后亩产

3. 养殖情况

养殖种类	头数	技术获取途径	采用技术种类	技术投入费用	采用技术增收（元）	其他

4. 政府是否有针对农业新技术采用的鼓励措施：A. 有　B. 没有　（　）

都有哪些措施：A. 现金补贴　B. 物资补贴　C. 免费培训

D. 技术贷款　E. 其他　（　）

5. 政府发放的良种、化肥、农药和农机具的补贴，对您提高收入作用明显吗？（　）

A. 非常明显　　B. 一般　　C. 不明显

六、农户参与（园区）企业订单农业并接受技术情况

1. 您是否听说过订单农业：A. 是　B. 否　（　）

2. 您是否与企业签订了协议，成为企业的基地：A. 是　B. 否　（　）

3. 成为公司基地的会员有什么要求：（　）

A. 交纳会员费　　　　B. 购买公司的种子等物资技术

C. 与公司签订产销合同　　D. 没有条件

4. 企业给您提供的技术服务包括：（　）

A. 提供良种　　　　B. 提供生产物资

C. 定期公布农业技术信息　　D. 提供培训

E. 电话咨询

5. 企业通过什么渠道给您指导技术：（　）

A. 企业的技术人员　　B. 学校专家

C. 协会　　　　　　　　　　　D. 村里能人

6. 您是否与合作企业产生过技术纠纷：A. 是　B. 否　　　　　　　　（　　）

通过什么渠道解决：A. 直接找企业　B. 通过协会或带头人　C. 找政府

D. 通过法院　E. 自认倒霉　F. 其他　　　　（　　）

7. 企业的服务承诺是否兑现：A. 是　B. 否　　　　　　　　　　　（　　）

七、农业生产安全方面

1. 您所在地区，主要受到哪些灾害的影响？（可多选，并排序）（　　）

A. 洪灾　　　　　　　　　　　B. 旱灾

C. 动植物疫病灾害　　　　　　D. 虫灾

E. 鼠害　　　　　　　　　　　F. 其他灾害

2. 这些灾害的影响程度如何？　　　　　　　　　　　　　　　　（　　）

A. 非常严重　　　　　　　　　B. 严重

C. 一般　　　　　　　　　　　D. 较小

E. 很小

3. 有没有买粮食灾害保险？

A. 有，保险费________/年　　　B. 没有，原因________。

4. 您认为应该采取哪些措施，减少这些灾害带来的影响？　　　　（　　）

A. 加强防灾基础设施的建设

B. 推广防灾、抗灾的技术

C. 推广农业保险和其他相关的保险

D. 政府加强救济的力度

E. 其他措施

5. 您认为公司＋农户的技术推广模式存在哪些问题，应当如何改善？

致谢

THANKS

本书获河南省高校哲学社会科学创新团队建设计划（2021-CXTD-01）、国家自然科学基金项目（41771129；41271131；41601177）、安阳师范学院“河南省自然地理学二级重点学科”“豫北区域经济协调创新中心”资助出版。

农业科技园技术扩散背景下的农户技术采用行为是我攻读博士学位阶段的主要研究内容。本书是在博士学位论文基础上修改完善而成的，我的博士导师李同昇教授对我学位论文的完成倾注了大量的心血，在此表示衷心的感谢！

中国农业出版社的司雪飞编辑不辞辛苦，严谨认真，为本书的出版给予了大力支持与无私奉献，借此出版之际一并感谢！

于正松

2020 年 10 月 18 日

图书在版编目（CIP）数据

农业科技园技术扩散的农户采用行为 / 于正松著
. —北京：中国农业出版社，2021. 3
ISBN 978-7-109-27908-7

Ⅰ. ①农… Ⅱ. ①于… Ⅲ. ①农业技术—技术推广—研究—中国 Ⅳ. ①F324. 3

中国版本图书馆 CIP 数据核字（2021）第 022619 号

农业科技园技术扩散的农户采用行为
NONGYE KEJIYUAN JISHU KUOSAN DE NONGHU CAIYONG XINGWEI

中国农业出版社出版
地址：北京市朝阳区麦子店街 18 号楼
邮编：100125
责任编辑：司雪飞　郑　君
版式设计：杜　然　　责任校对：赵　硕
印刷：北京印刷一厂
版次：2021 年 3 月第 1 版
印次：2021 年 3 月北京第 1 次印刷
发行：新华书店北京发行所
开本：700mm×1000mm　1/16
印张：10
字数：200 千字
定价：48. 00 元
